Each Day & Every Day in your Living You are Special

帶來一整年美好的聖經珍言・中、英、法三語對照～

目 錄

獻給所有喜愛追求日日精進的你

心 語

憂傷的靈使骨枯乾～喜樂的心乃是良藥
There is no fear in love ~ Life is good, God is grand !

　　耶穌曾説：『凡勞苦擔重擔的人可以到我這裡來，我就使你們得安息。』
聖經裡代表智慧的所羅門王説：『教導智慧人，他就越發有智慧，指示義人，他
就增長學問，敬畏耶和華是智慧的開端，認識至聖者便是聰明。』

　　在創作此書時父親正值與病魔的搏鬥，在病危的最後一刻，父親堅強如同硬漢般
始終沒有喊苦，我握著他的手在旁陪伴感覺異常溫暖；感謝神的恩典讓父親在睡夢中
面帶笑容的走進天國，至今我仍能感覺父親手上傳來的慈愛一直都在！

　　美國已故總統威爾遜曾説：『聖經是世界上最奇妙的書，裡面的經文即使你已讀
過幾十遍，一旦重讀，每每都能帶來全新的感受；如果有人想要尋求指引，聖經是首
選！』

　　當你不論是處於喜樂、感恩、憂傷、迷茫、委屈或無助時，書中有智慧、有詩歌、
有督責、有安慰的話語與雋永字句，都將帶給你全新的力量與啓示！

　　即使你不是基督徒，閱讀本書也能因隻字片語帶來感動，進而在日常生活中實踐
真理！願這本書成為你生命中最特別的禮物！

　　祝福您～生命中巨大的啓示與轉變，都將因閱讀或抄寫此書經文而展開！

*Enlarge Your
World with Writing.*

Jennie W.

① 你要認識神，就得平安，福氣也必臨到你。 (約伯記 22 章 21 節)

Submit to God and be at peace with him; in this way prosperity will come to you.

Submit to God and be at peace with him; in this way prosperity will come to you.

Attache-toi donc à Dieu, et tu auras la paix; Tu jouiras ainsi du bonheur.

Attache-toi donc à Dieu, et tu auras la paix; Tu jouiras ainsi du bonheur.

② 你手若有行善的力量，不可推辭，就當向那應得的人施行。 (箴言 3 章 27 節)

Do not withhold good from those who deserve it, when it is in your power to act.

Do not withhold good from those who deserve it, when it is in your power to act.

Ne refuse pas un bienfait à celui qui y a droit, Quand tu as le pouvoir de l'accorder.

Ne refuse pas un bienfait à celui qui y a droit,

Quand tu as le pouvoir de l'accorder.

③ 你們在那裡必尋求耶和華你的神，你盡心盡性尋求他的時候，就必尋見。(申命記4章29節)

If from there you seek the LORD your God, you will find him if you look for him with all your heart and with all your soul.

If from there you seek the LORD your God,

you will find him if you look for him with all

your heart and with all your soul.

C'est de là aussi que tu chercheras l'Éternel, ton Dieu, et que tu le trouveras, si tu le cherches de tout ton coeur et de toute ton âme.

C'est de là aussi que tu chercheras l'Éter-

nel, ton Dieu, et que tu le trouveras, si tu le

cherches de tout ton coeur et de toute ton âme.

4 親愛的弟兄，不要自己伸冤，寧可讓步，聽憑主怒：『主說，伸冤在我，我必
報應。』

（羅馬書 12 章 19 節）

Do not take revenge, my friends, but leave room for God's wrath; "It is mine to avenge; I will repay," says the Lord.

Do not take revenge, my friends, but leave
room for God's wrath; "It is mine to avenge; I
will repay," says the Lord.

Ne vous vengez point vous-mêmes, bien-aimés, mais laissez agir la colère; "À moi la vengeance, à moi la rétribution," dit le Seigneur.

Ne vous vengez point vous-mêmes, bien-aimés,
mais laissez agir la colère; "À moi la vengeance, à moi la rétribution," dit le Seigneur.

⑤ 少種的少收，多種的多收，這話是真的。 （哥林多後書9章6節上）

Remember this: Whoever sows sparingly will also reap sparingly, and whoever sows generously will also reap generously.

Remember this: Whoever sows sparingly will also reap sparingly, and whoever sows gener-ously will also reap generously.

Sachez-le, celui qui sème peu moissonnera peu, et celui qui sème abondamment moissonnera abondamment.

Sachez-le, celui qui sème peu moissonnera peu, et celui qui sème abondamment moissonnera abondamment.

9

(6) 你當預備迎見你的神。 （阿摩司書 4 章 12 節）

Prepare to meet your God.

Prepare to meet your God.

Prépare-toi à la rencontre de ton Dieu.

Prépare-toi à la rencontre de ton Dieu.

(7) 甘心事奉，好像服事主，不像服事人。 （以弗所書 6 章 7 節）

Serve wholeheartedly, as if you were serving the Lord, not men.

Serve wholeheartedly, as if you were serving the Lord, not men.

Servez-les avec empressement, comme servant le Seigneur et non des hommes.

Servez-les avec empressement, comme servant le Seigneur et non des hommes.

⑧ 要孝敬父母，使你得福，在世長壽，這是第一條帶應許的誡命。（以弗所書 6 章 2 節）

"Honor your father and mother" - - which is the first commandment with a promise.

"Honor your father and mother" - - which is
the first commandment with a promise.

"Honore ton père et ta mère" -- c'est le premier commandement avec une promesse.

"Honore ton père et ta mère" -- c'est le premier
commandement avec une promesse.

⑨ 鑒察人心的，曉得聖靈的意思，因為聖靈照著神的旨意替聖徒祈求。（羅馬書 8 章 27 節）

And he who searches our hearts knows the mind of the Spirit, because the Spirit inter-cedes for the saints in accordance with God's will.

And he who searches our hearts knows the mind
of the Spirit, because the Spirit intercedes for
the saints in accordance with God's will.

Et celui qui sonde les coeurs connaît quelle est la pensée de l'Esprit, parce que c'est selon Dieu qu'il intercède en faveur des saints.

Et celui qui sonde les coeurs connaît quelle

est la pensée de l'Esprit, parce que c'est selon

Dieu qu'il intercède en faveur des saints.

(10) 凡事都可行，但不都有益處。凡事都可行，但不都造就人。（哥林多前書 10 章 23 節）

"Everything is permissible" - -but not everything is beneficial. "Everything is permis-sible" - -but not everything is constructive.

"Everything is permissible" - -but not everything

is beneficial. "Everything is permissible" - -but not

everything is constructive.

Tout est permis, mais tout n'est pas utile; tout est permis, mais tout n'édifie pas.

Tout est permis, mais tout n'est pas utile; tout est permis, mais tout n'édifie pas.

(11) 我們若是靠聖靈得生，就當靠聖靈行事。　　　　　　（加拉太書 5 章 25 節）

Since we live by the Spirit, let us keep in step with the Spirit.

Since we live by the Spirit, let us keep in step with the Spirit.

Si nous vivons par l'Esprit, marchons aussi selon l'Esprit.

Si nous vivons par l'Esprit, marchons aussi selon l'Esprit.

13

(12) 凡自高的必降為卑，自卑的必升為高。 （馬太福音23章12節）

For whoever exalts himself will be humbled, and whoever humbles himself will be exalted.

For whoever exalts himself will be humbled, and
whoever humbles himself will be exalted.

Quiconque s'élevera sera abaissé, et quiconque s'abaissera sera élevé.

Quiconque s'élevera sera abaissé, et quiconque
s'abaissera sera élevé.

(13) 敬畏耶和華，是智慧的訓誨；尊榮以前，必有謙卑。 （箴言15章33節）

Humility comes before honor.

Humility comes before honor.

L'humilité précède la gloire.

L'humilité précède la gloire.

14 殷勤不可懶惰，要心裡火熱，常常服事主。 （羅馬書 12 章 11 節）

Never be lacking in zeal, but keep your spiritual fervor, serving the Lord.

Never be lacking in zeal, but keep your spiritual fervor, serving the Lord.

Ayez du zèle, et non de la paresse. Soyez fervents d'esprit. Servez le Seigneur.

Ayez du zèle, et non de la paresse. Soyez fervents d'esprit. Servez le Seigneur.

15 多言多語難免有過，禁止嘴唇是有智慧。 （箴言 10 章 19 節）

When words are many, sin is not absent, but he who holds his tongue is wise.

When words are many, sin is not absent, but he who holds his tongue is wise.

Celui qui parle beaucoup ne manque pas de pécher; Mais celui qui retient ses lèvres est un homme prudent.

Celui qui parle beaucoup ne manque pas de

pécher; Mais celui qui retient ses lèvres est un

homme prudent.

(16) 他曾照自己的大憐憫，藉著耶穌基督從死裡復活，重生了我們，叫我們有活潑的盼望。

（彼得前書 1 章 3 節下）

In his great mercy he has given us new birth into a living hope through the resurrection of Jesus Christ from the dead.

In his great mercy he has given us new birth

into a living hope through the resurrection of

Jesus Christ from the dead.

Qui, selon sa grande miséricorde, nous a régénérés, pour une espérance vivante, par la résurrection de Jésus Christ d'entre les morts.

Qui, selon sa grande miséricorde, nous a

régénérés, pour une espérance vivante, par la

résurrection de Jésus Christ d'entre les morts.

---

17 主每早晨提醒，提醒我的耳朵，使我能聽，像受教者一樣。 （以賽亞書 50 章 4 節下）

The Sovereign LORD wakens me morning by morning, wakens my ear to listen like one being taught.

The Sovereign LORD wakens me morning by

morning, wakens my ear to listen like one being

taught.

Le Seigneur, l'Éternel, Il éveille, chaque matin, il éveille mon oreille, Pour que j'écoute comme écoutent des disciples.

Le Seigneur, l'Éternel, Il éveille, chaque matin, il éveille mon oreille, Pour que j'écoute comme écoutent des disciples.

(18) 行事為人要端正，好像行在白晝；不可荒宴醉酒，不可好色邪蕩，不可爭競嫉妒。

(羅馬書 13 章 13 節)

Let us behave decently, as in the daytime, not in orgies and drunkenness, not in sexual immorality and debauchery, not in dissension and jealousy.

Let us behave decently, as in the daytime, not in orgies and drunkenness, not in sexual immorality and debauchery, not in dissension and jealousy.

Marchons honnêtement, comme en plein jour, loin des excès et de l'ivrognerie, de la luxure et de l'impudicité, des querelles et des jalousies.

Marchons honnêtement, comme en plein jour,

loin des excès et de l'ivrognerie, de la luxure et

de l'impudicité, des querelles et des jalousies.

(19) 你們必須忍耐，使你們行完了神的旨意，就可以得著所應許的。(希伯來書10章36節)

You need to persevere so that when you have done the will of God, you will receive what he has promised.

You need to persevere so that when you have

done the will of God, you will receive what he

has promised.

Car vous avez besoin de persévérance, afin qu'après avoir accompli la volonté de Dieu, vous obteniez ce qui vous est promis.

Car vous avez besoin de persévérance, afin

qu'après avoir accompli la volonté de Dieu,

vous obteniez ce qui vous est promis.

(20) 你要專心仰賴耶和華，不可倚靠自己的聰明。 (箴言 3 章 5 節)

Trust in the LORD with all your heart and lean not on your own understanding.

Trust in the LORD with all your heart and

lean not on your own understanding.

Confie-toi en l'Éternel de tout ton coeur, Et ne t'appuie pas sur ta sagesse.

Confie-toi en l'Éternel de tout ton coeur, Et

ne t'appuie pas sur ta sagesse.

(21) 敬虔加上知足的心，便是大利了。 （提摩太前書 6 章 6 節）

Godliness with contentment is great gain.

Godliness with contentment is great gain.

C'est, en effet, une grande source de gain que la piété avec le contentement.

C'est, en effet, une grande source de gain que la piété avec le contentement.

(22) 免我們的債，如同我們免了人的債。 （馬太福音 6 章 12 節）

Forgive us our debts, as we also have forgiven our debtors.

Forgive us our debts, as we also have forgiven our debtors.

Pardonne-nous nos offenses, comme nous aussi nous pardonnons à ceux qui nous ont offensés.

Pardonne-nous nos offenses, comme nous aussi

nous pardonnons à ceux qui nous ont offensés.

(23) 愛裡沒有懼怕；愛既完全，就把懼怕除去。 （約翰壹書 4 章 18 節）

There is no fear in love. But perfect love drives out fear.

There is no fear in love. But perfect love drives

out fear.

La crainte n'est pas dans l'amour, mais l'amour parfait bannit la crainte.

La crainte n'est pas dans l'amour, mais l'amour

parfait bannit la crainte.

(24) 凡事都有定期，天下萬務都有定時。 （傳道書 3 章 1 節）

There is a time for everything, and a season for every activity under heaven.

There is a time for everything, and a season for every activity under heaven.

Il y a un temps pour tout, un temps pour toute chose sous les cieux.

Il y a un temps pour tout, un temps pour toute chose sous les cieux.

(25) 憂愁強如喜笑，因為面帶愁容，終必使心喜樂。 （傳道書 7 章 3 節）

Sorrow is better than laughter, because a sad face is good for the heart.

Sorrow is better than laughter, because a sad face is good for the heart.

Mieux vaut le chagrin que le rire; car avec un visage triste le coeur peut être content.

Mieux vaut le chagrin que le rire; car avec un
visage triste le coeur peut être content.

(26) 從前你們是暗昧的，但如今在主裡面是光明的，行事為人就當像光明的子女。

（以弗所書 5 章 8 節）

For you were once darkness, but now you are light in the Lord. Live as children of light.

For you were once darkness, but now you are
light in the Lord. Live as children of light.

Autrefois vous étiez ténèbres, et maintenant vous êtes lumière dans le Seigneur.
Marchez comme des enfants de lumière!

Autrefois vous étiez ténèbres, et maintenant
vous êtes lumière dans le Seigneur. Marchez
comme des enfants de lumière!

(27) 惟用愛心説誠實話，凡事長進，連於元首基督。 （以弗所書 4 章 15 節）

Instead, speaking the truth in love, we will in all things grow up into him who is the Head, that is, Christ.

Instead, speaking the truth in love, we will in all things grow up into him who is the Head, that is, Christ.

Mais que, professant la vérité dans la charité, nous croissions à tous égards en celui qui est le chef, Christ.

Mais que, professant la vérité dans la charité, nous croissions à tous égards en celui qui est le chef, Christ.

(28) 曠野和乾旱之地，必然歡喜；沙漠也必快樂，又像玫瑰開花。 （以賽亞書35章1節）

The desert and the parched land will be glad; the wilderness will rejoice and blossom. Like the crocus.

The desert and the parched land will be glad;

the wilderness will rejoice and blossom. Like

the crocus.

Le désert et le pays aride se réjouiront; La solitude s'égaiera, et fleurira comme un narcisse.

Le désert et le pays aride se réjouiront; La

solitude s'égaiera, et fleurira comme un

narcisse.

(29) 耶和華阿，求你將你的道指示我，將你的路教訓我。 （詩篇25章4節）

Show me your ways, O LORD, teach me your paths.

Show me your ways, O LORD, teach me your

paths.

Éternel! fais-moi connaître tes voies, Enseigne-moi tes sentiers.

Éternel! fais-moi connaître tes voies,

Enseigne-moi tes sentiers.

(30) 凡你們所做的，都要憑愛心而做。 （哥林多前書 16 章 14 節）

Do everything in love.

Do everything in love.

Que tout ce que vous faites se fasse avec charité!

Que tout ce que vous faites se fasse avec charité!

(31) 相近的鄰舍，強如遠方的弟兄。 （箴言 27 章 10 節下）

Better a neighbor nearby than a brother far away.

Better a neighbor nearby than a brother far

away.

Mieux vaut un voisin proche qu'un frère éloigné.

Mieux vaut un voisin proche qu'un frère éloigné.

Vivre la vie
Signifie aimer chaque instant
Soit celui~ci de joie
ou de douleur.

2016

生活不論悲喜，就是熱愛生命的每個瞬間！

① 人的勞碌都為口腹，心裡卻不知足。 （傳道書6章7節）

All man's efforts are for his mouth, yet his appetite is never satisfied.

All man's efforts are for his mouth, yet his appetite is never satisfied.

Tout le travail de l'homme est pour sa bouche, et cependant ses désirs ne sont jamais satisfaits.

Tout le travail de l'homme est pour sa bouche, et cependant ses désirs ne sont jamais satisfaits.

② 朋友乃時常親愛，弟兄為患難而生。 （箴言 17 章 17 節）

A friend loves at all times, and a brother is born for adversity.

A friend loves at all times, and a brother is born for adversity.

L'ami aime en tout temps, Et dans le malheur il se montre un frère.

L'ami aime en tout temps, Et dans le mal-

heur il se montre un frère.

③ 你們是世上的鹽，鹽若失了味，怎能叫他再鹹呢？以後無用，不過丟在外面，
被人踐踏了。

（馬太福音 5 章 13 節）

You are the salt of the earth. But if the salt loses its saltiness, how can it be made salty again? It is no longer good for anything, except to be thrown out and trampled by men.

You are the salt of the earth. But if the salt los-

es its saltiness, how can it be made salty again?

It is no longer good for anything, except to be

thrown out and trampled by men.

Vous êtes le sel de la terre. Mais si le sel perd sa saveur, avec quoi la lui rendra-t-on?
Il ne sert plus qu'à être jeté dehors, et foulé aux pieds par les hommes.

Vous êtes le sel de la terre. Mais si le sel perd

sa saveur, avec quoi la lui rendra-t-on? Il

ne sert plus qu'à être jeté dehors, et foulé aux

pieds par les hommes.

4 神喜悦誰，就給誰智慧、知識和喜樂。 （傳道書 2 章 26 節上）

To the man who pleases him, God gives wisdom, knowledge and happiness.

To the man who pleases him, God gives wis-

dom, knowledge and happiness.

Car il donne à l'homme qui lui est agréable la sagesse, la science et la joie.

Car il donne à l'homme qui lui est agréable la

sagesse, la science et la joie.

5 穿上了新人，這新人在知識上漸漸更新，正如造他主的形像。　（歌羅西書3章10節）

Have put on the new self, which is being renewed in knowledge in the image of its Creator.

Have put on the new self, which is being renewed

in knowledge in the image of its Creator.

Ayant revêtu l'homme nouveau, qui se renouvelle, dans la connaissance, selon l'image de celui qui l'a créé.

Ayant revêtu l'homme nouveau, qui se re-

nouvelle, dans la connaissance, selon l'image

de celui qui l'a créé.

⑥ 凡事包容，凡事相信，凡事盼望，凡事忍耐。 （哥林多前書 13 章 7 節）

It always protects, always trusts, always hopes, always perseveres.

It always protects, always trusts, always

hopes, always perseveres.

Elle excuse tout, elle croit tout, elle espère tout, elle supporte tout.

Elle excuse tout, elle croit tout, elle espère

tout, elle supporte tout.

⑦ 神賜人貲財豐富，使他能以喫用，能取自己的分，在他勞碌中喜樂，這乃是神
的恩賜。 （傳道書 5 章 19 節）

Moreover, when God gives any man wealth and possessions, and enables him to enjoy them, to accept his lot and be happy in his work - - this is a gift of God.

Moreover, when God gives any man wealth and

possessions, and enables him to enjoy them, to

accept his lot and be happy in his work - - this is

a gift of God.

Mais, si Dieu a donné à un homme des richesses et des biens, s'il l'a rendu maître d'en manger, d'en prendre sa part, et de se réjouir au milieu de son travail, c'est là un don de Dieu.

Mais, si Dieu a donné à un homme des richesses et des biens, s'il l'a rendu maître d'en manger, d'en prendre sa part, et de se réjouir au milieu de son travail, c'est là un don de Dieu.

(8) 喜愛有時，恨惡有時，爭戰有時，和好有時。 （傳道書 3 章 8 節）

A time to love and a time to hate, a time for war and a time for peace.

A time to love and a time to hate, a time for war and a time for peace.

Un temps pour aimer, et un temps pour haïr; un temps pour la guerre, et un temps pour la paix.

Un temps pour aimer, et un temps pour haïr; un temps pour la guerre, et un temps pour la paix.

(9) 撕裂有時，縫補有時，靜默有時，言語有時。 （傳道書3章7節）

A time to tear and a time to mend, a time to be silent and a time to speak.

A time to tear and a time to mend, a time to be silent and a time to speak.

Un temps pour déchirer, et un temps pour coudre; un temps pour se taire, et un temps pour parler.

Un temps pour déchirer, et un temps pour
coudre; un temps pour se taire, et un temps
pour parler.

10 為甚麼看見你弟兄眼中有刺，卻不想自己眼中有梁木呢？　　（路加福音6章41節）

Why do you look at the speck of sawdust in your brother's eye and pay no attention to
the plank in your own eye?

Why do you look at the speck of sawdust in
your brother's eye and pay no attention to the
plank in your own eye?

Pourqoui vois-tu la paille qui est dans l'oeil de ton frère, et n'aperçois- tu pas la
poutre qui est dans ton oeil?

Pourquoi vois-tu la paille qui est dans l'oeil de

ton frère, et n'aperçois-tu pas la poutre qui est

dans ton oeil?

11 當將你的事交託耶和華，並倚靠他，他就必成全。 （詩篇 37 章 5 節）

Commit your way to the LORD; trust in him and he will do this.

Commit your way to the LORD; trust in him

and he will do this.

Recommande ton sort à l'Éternel, Mets en lui ta confiance, et il agira.

Recommande ton sort à l'Éternel, Mets en lui

ta confiance, et il agira.

12 尋找有時，失落有時，保守有時，捨棄有時。 （傳道書3章6節）

A time to search and a time to give up, a time to keep and a time to throw away.

A time to search and a time to give up, a time
to keep and a time to throw away.

Un temps pour chercher, et un temps pour perdre; un temps pour garder, et un temps pour jeter.

Un temps pour chercher, et un temps pour perdre; un temps pour garder, et un temps pour jeter.

13 從來沒有人恨惡自己的身子，總要保養顧惜，正像基督待教會一樣。（以弗所書5章29節）

After all, no one ever hated his own body, but he feeds and cares for it, just as Christ does the church.

After all, no one ever hated his own body, but
he feeds and cares for it, just as Christ does the
church.

Car jamais personne n'a haï sa propre chair; mais il la nourrit et en prend soin, comme Christ le fait pour l'Église.

Car jamais personne n'a haï sa propre chair;

mais il la nourrit et en prend soin, comme Christ

le fait pour l'Église.

14 你要使父母歡喜，使生你的快樂。 （箴言 23 章 25 節）

May your father and mother be glad; may she who gave you birth rejoice!

May your father and mother be glad; may she

who gave you birth rejoice!

Que ton père et ta mère se réjouissent, Que celle qui t'a enfanté soit dans l'allégresse!

Que ton père et ta mère se réjouissent, Que celle qui t'a enfanté soit dans l'allégresse!

(15) 神要擦去他們一切的眼淚，不再有死亡，也不再有悲哀、哭號、疼痛，因為以
前的事都過去了。

（啟示錄 21 章 4 節）

He will wipe every tear from their eyes. There will be no more death or mourning or crying or pain, for the old order of things has passed away.

He will wipe every tear from their eyes. There will be no more death or mourning or crying or pain, for the old order of things has passed away.

Il essuiera toute larme de leurs yeux, et la mort ne sera plus, et il n'y aura plus ni deuil, ni cri, ni douleur, car les premières choses ont disparu.

Il essuiera toute larme de leurs yeux, et la mort ne sera plus, et il n'y aura plus ni deuil, ni cri, ni douleur; car les premières choses ont disparu.

16 神使我喜笑，凡聽見的必與我一同喜笑。 （創世記21章6節下）

God has brought me laughter, and everyone who hears about this will laugh with me.

God has brought me laughter, and everyone

who hears about this will laugh with me.

Dieu m'a fait un sujet de rire; quiconque l'apprendra rira de moi.

Dieu m'a fait un sujet de rire; quiconque l'ap-

prendra rira de moi.

17 惡人在我面前的時候，我要用嚼環勒住我的口。 （詩篇 39 篇 1 節）

I will put a muzzle on my mouth as long as the wicked are in my presence.

I will put a muzzle on my mouth as long as the
wicked are in my presence.

Je mettrai un frein à ma bouche, Tant que le méchant sera devant moi.

Je mettrai un frein à ma bouche, Tant que le
méchant sera devant moi.

18 凡我所疼愛的，我就責備管教他；所以你要發熱心，也要悔改。 （啟示錄 3 章 19 節）

Those whom I love I rebuke and discipline. So be earnest, and repent.

Those whom I love I rebuke and discipline. So
be earnest, and repent.

Moi, je reprends et je châtie tous ceux que j'aime. Aie donc du zèle, et repens-toi.

Moi, je reprends et je châtie tous ceux que

j'aime. Aie donc du zèle, et repens-toi.

19 你們存心不可貪愛錢財，要以自己所有的為足。 （箴言 11 章 25 節）

Keep your lives free from the love of money and be content with what you have.

Keep your lives free from the love of money

and be content with what you have.

Ne vous livrez pas à l'amour de l'argent; contentez-vous de ce que vous avez.

Ne vous livrez pas à l'amour de l'argent;

contentez-vous de ce que vous avez.

20 好施捨的，必得豐裕；滋潤人的，必得滋潤。 （箴言 11 章 25 節）

A generous man will prosper; he who refreshes others will himself be refreshed.

A generous man will prosper; he who refreshes others will himself be refreshed.

L'âme bienfaisante sera rassasiée, Et celui qui arrose sera lui-même arrosé.

L'âme bienfaisante sera rassasiée, Et celui qui arrose sera lui-même arrosé.

(21) 凡較力爭勝的，諸事都有節制。 （哥林多前書9章25節上）

Everyone who competes in the games goes into strict training.

Everyone who competes in the games goes into strict training.

Tous ceux qui combattent s'imposent toute espèce d'abstinences.

Tous ceux qui combattent s'imposent toute

espèce d'abstinences.

(22) 螞蟻是無力之類，卻在夏天預備糧食。 （箴言 30 章 25 節）

Ants are creatures of little strength, yet they store up their food in the summer.

Ants are creatures of little strength, yet they
store up their food in the summer.

Les fourmis, peuple sans force, Préparent en été leur nourriture.

Les fourmis, peuple sans force, Préparent en
été leur nourriture.

(23) 感謝神，因他有說不盡的恩賜！ （哥林多後書 9 章 15 節）

Thanks be to God for his indescribable gift!

Thanks be to God for his indescribable gift!

Grâces soient rendues à Dieu pour son don ineffable!

Grâces soient rendues à Dieu pour son don

ineffable!

（24）口吐真言，永遠堅立；舌說謊話，只存片時。 （箴言 12 章 19 節）

Truthful lips endure forever, but a lying tongue lasts only a moment.

Truthful lips endure forever, but a lying tongue

lasts only a moment.

La lèvre véridique est affermie pour toujours, Mais la langue fausse ne subsiste qu'un instant.

La lèvre véridique est affermie pour toujours,

Mais la langue fausse ne subsiste qu'un instant.

(25) 我要謹慎我的言行，免得我舌頭犯罪。 （詩篇 39 篇 1 節）

I will watch my ways and keep my tongue from sin.

I will watch my ways and keep my tongue from

sin.

Je veillerai sur mes voies, De peur de pécher par ma langue.

Je veillerai sur mes voies, De peur de pécher

par ma langue.

(26) 康健的人用不著醫生，有病的人纔用得著；我來本不是召義人，乃是召罪人。
（馬可福音 2 章 17 節）

It is not the healthy who need a doctor, but the sick. I have not come to call the righteous,
but sinners.

It is not the healthy who need a doctor, but the

sick. I have not come to call the righteous, but

sinners.

Ce ne sont pas ceux qui se portent bien qui ont besoin de médecin, mais les malades. Je ne suis pas venu appeler des justes, mais des pécheurs.

Ce ne sont pas ceux qui se portent bien qui

ont besoin de médecin, mais les malades. Je

ne suis pas venu appeler des justes, mais des

pécheurs.

27 人在最小的事上忠心，在大事上也忠心。 （路加福音 16 章 10 節）

Whoever can be trusted with very little can also be trusted with much.

Whoever can be trusted with very little can also be

trusted with much.

Celui qui est fidèle dans les moindres choses l'est aussi dans les grandes.

Celui qui est fidèle dans les moindres choses

l'est aussi dans les grandes.

(28) 你們願意人怎樣待你們，你們也要怎樣待人。 （路加福音6章31節）

Do to others as you would have them do to you.

Do to others as you would have them do to you.

Ce que vous voulez que les hommes fassent pour vous, faites-le de même pour eux.

Ce que vous voulez que les hommes fassent

pour vous, faites-le de même pour eux.

Le monde m'est nouveau à mon réveil chaque martin 2016 F.H.

對我而言，每天早晨醒來的時候，都會看到一個全新的世界！

三月 · *March* · *mars*

1 在最小的事上不義，在大事上也不義。 （路加福音16章10節）

Whoever is dishonest with very little will also be dishonest with much.

Whoever is dishonest with very little will also be dis-

honest with much.

Celui qui est injuste dans les moindres choses l'est aussi dans les grandes.

Celui qui est injuste dans les moindres choses

l'est aussi dans les grandes.

2 一句良言，使心歡樂。 （箴言12章25節）

A kind word cheers him up.

A kind word cheers him up.

Une bonne parole le réjouit.

Une bonne parole le réjouit.

③ 人若無有，自己還以為有，就是自欺了。 （加拉太書6章3節）

If anyone thinks he is something when he is nothing, he deceives himself.

If anyone thinks he is something when he is

nothing, he deceives himself.

Si quelqu'un pense être quelque chose, quoiqu'il ne soit rien, il s'abuse lui-même.

Si quelqu'un pense être quelque chose,

quoiqu'il ne soit rien, il s'abuse lui-même.

④ 我們愛，因為神先愛我們。 （約翰一書4章19節）

We love because he first loved us.

We love because he first loved us.

Pour nous, nous l'aimons, parce qu'il nous a aimés le premier.

Pour nous, nous l'aimons, parce qu'il nous a

aimés le premier.

(5) 生命不勝於飲食嗎？身體不勝於衣裳嗎？　　　　　　　　　　　（馬太福音 6 章 25 節）

Is not life more important than food, and the body more important than clothes?

Is not life more important than food, and the
body more important than clothes?

La vie n'est-elle pas plus que la nourriture, et le corps plus que le vêtement?

La vie n'est-elle pas plus que la nourriture, et
le corps plus que le vêtement?

(6) 不要自以為有智慧，要敬畏耶和華，遠離惡事。　　　　　　　　（箴言 3 章 7 節）

Do not be wise in your own eyes; fear the LORD and shun evil.

Do not be wise in your own eyes; fear the
LORD and shun evil.

Ne sois point sage à tes propres yeux, Crains l'Éternel, et détourne-toi du mal.

Ne sois point sage à tes propres yeux, Crains

l'Éternel, et détourne-toi du mal.

(7) 惟喜愛耶和華的律法，晝夜思想，這人便為有福。　　　（哥林多後書 9 章 15 節）

But his delight is in the law of the LORD, and on his law he meditates day and night.

But his delight is in the law of the LORD,

and on his law he meditates day and night.

Mais qui trouve son plaisir dans la loi de l'Éternel, Et qui la médite jour et nuit.

Mais qui trouve son plaisir dans la loi de

l'Éternel, Et qui la médite jour et nuit.

(8) 使基督因你們的信，住在你們心裡，叫你們的愛心有根，有基。 （以弗所書3章17節）

So that Christ may dwell in your hearts through faith. And I pray that you, being rooted and established in love.

So that Christ may dwell in your hearts

through faith. And I pray that you, being

rooted and established in love.

En sorte que Christ habite dans vos coeurs par la foi; afin qu'étant enracinés et fondés dans l'amour:

En sorte que Christ habite dans vos coeurs

par la foi; afin qu'étant enracinés et fondés

dans l'amour:

(9) 我一生要讚美耶和華，我還活的時候，要歌頌我的神。 （詩篇 146 章 2 節）

I will praise the LORD all my life; I will sing praise to my God as long as I live.

I will praise the LORD all my life; I will

sing praise to my God as long as I live.

Je louerai l'Éternel tant que je vivrai, Je célébrerai mon Dieu tant que j'existerai.

Je louerai l'Éternel tant que je vivrai, Je

célébrerai mon Dieu tant que j'existerai.

(10) 施比受更為有福。 （使徒行傳 20 章 35 節）

It is more blessed to give than to receive.

It is more blessed to give than to receive.

Il y a plus de bonheur à donner qu'à recevoir.

Il y a plus de bonheur à donner qu'à recevoir.

(11) 你要保守你心，勝過保守一切，因為一生的果效，是由心發出。　　　（箴言4章23節）

Above all else, guard your heart, for it is the wellspring of life.

Above all else, guard your heart, for it is the

wellspring of life.

Garde ton coeur plus que toute autre chose, Car de lui viennent les sources de la vie.

Garde ton coeur plus que toute autre chose,

Car de lui viennent les sources de la vie.

(12) 你當剛強壯膽！不要懼怕，也不要驚惶，因為你無論往那裡去，耶和華你的神
必與你同在。　　　（約書亞記1章9節）

Be strong and courageous. Do not be terrified; do not be discouraged, for the LORD your
God will be with you wherever you go.

Be strong and courageous. Do not be terrified;

do not be discouraged, for the LORD your

God will be with you wherever you go.

Fortifie-toi et prends courage? Ne t'effraie point et ne t'épouvante point, car l'Éternel, ton Dieu, est avec toi dans tout ce que tu entreprendras.

Fortifie-toi et prends courage? Ne t'effraie

point et ne t'épouvante point, car l'Éternel,

ton Dieu, est avec toi dans tout ce que tu

entreprendras.

⑬ 我的弟兄們，你們落在百般試煉中，都要以為大喜樂。 （雅各書1章2節）

Consider it pure joy, my brothers, whenever you face trials of many kinds.

Consider it pure joy, my brothers, whenever

you face trials of many kinds.

Mes frères, regardez comme un sujet de joie complète les diverses épreuves auxquelles vous pouvez être exposés.

Mes frères, regardez comme un sujet de joie

complète les diverses épreuves auxquelles

vous pouvez être exposés.

(14) 你手若有行善的力量，不可推辭，就當向那應得的人施行。 （箴言3章27節）

Do not withhold good from those who deserve it, when it is in your power to act.

Do not withhold good from those who deserve

it, when it is in your power to act.

Ne refuse pas un bienfait à celui qui y a droit, Quand tu as le pouvoir de l'accorder.

Ne refuse pas un bienfait à celui qui y a

droit, Quand tu as le pouvoir de l'accorder.

(15) 貪愛銀子的，不因得銀子知足；貪愛豐富的，也不因得利益知足；這也是虛空。

(傳道書 5 章 10 節)

Whoever loves money never has money enough; whoever loves wealth is never satisfied with his income. This too is meaningless.

Whoever loves money never has money enough;

whoever loves wealth is never satisfied with his

income. This too is meaningless.

Celui qui aime l'argent n'est pas rassasié par l'argent, et celui qui aime les richesses n'en profite pas. C'est encore là une vanité.

Celui qui aime l'argent n'est pas rassasié par

l'argent, et celui qui aime les richesses n'en

profite pas. C'est encore là une vanité.

(16) 我差你們去，如同羊進入狼群；所以你們要靈巧像蛇，馴良像鴿子。

（馬太福音 10 章 16 節）

I am sending you out like sheep among wolves. Therefore be as shrewd as snakes and as innocent as doves.

I am sending you out like sheep among wolves.

Therefore be as shrewd as snakes and as

innocent as doves.

Je vous envoie comme des brebis au milieu des loups. Soyez donc prudents comme les serpents, et simples comme les colombes.

Je vous envoie comme des brebis au milieu

des loups. Soyez donc prudents comme les

serpents, et simples comme les colombes.

(17) 草必枯乾、花必凋謝。 （彼得前書 1 章 24 節）

Grass withers and the flowers fall.

Grass withers and the flowers fall.

L'herbe sèche, et la fleur tombe.

L'herbe sèche, et la fleur tombe.

(18) 倘若你們在別人的東西上不忠心，誰還把你們自己的東西給你們呢？

（路加福音 16 章 12 節）

If you have not been trustworthy with someone else's property, who will give you property of your own?

If you have not been trustworthy with someone else's property, who will give you property of your own?

Si vous n'avez pas été fidèles dans ce qui est à autrui, qui vous donnera ce qui est à vous?

Si vous n'avez pas été fidèles dans ce qui est à

autrui, qui vous donnera ce qui est à vous?

(19) 但願我行事堅定，得以遵守你的律例。 （詩篇 119 章 5 節）

Oh, that my ways were steadfast in obeying your decrees!

Oh, that my ways were steadfast in obeying

your decrees!

Puissent mes actions être bien réglées, Afin que je garde tes statuts!

Puissent mes actions être bien réglées, Afin

que je garde tes statuts!

20 言如同蜂房，使心覺甘甜，使骨得醫治。 （箴言 16 章 24 節）

Pleasant words are a honeycomb, sweet to the soul and healing to the bones.

Pleasant words are a honeycomb, sweet to the

soul and healing to the bones.

Les paroles agréables sont un rayon de miel, Douces pour l'âme et salutaires pour le corps.

Les paroles agréables sont un rayon de miel,

Douces pour l'âme et salutaires pour le corps.

21 惟有那愚拙無學問的辯論，總要棄絕，因為知道這等事是起爭競的。

（提摩太後書 2 章 23 節）

Don't have anything to do with foolish and stupid arguments, because you know they produce quarrels.

Don't have anything to do with foolish and stupid

arguments, because you know they produce quarrels.

Repousse les discussions folles et inutiles, sachant qu'elles font naître des querelles.

Repousse les discussions folles et inutiles,

sachant qu'elles font naître des querelles.

22 聰明人的心得知識：智慧人的耳求知識。 （箴言 18 章 15 節）

The heart of the discerning acquires knowledge; the ears of the wise seek it out.

The heart of the discerning acquires knowledge;

the ears of the wise seek it out.

Un coeur intelligent acquiert la science, Et l'oreille des sages cherche la science.

Un coeur intelligent acquiert la science, Et

l'oreille des sages cherche la science.

(23) 耶和華是良善正直的，所以他必指示罪人走正路。 （詩篇 25 章 8 節）

Good and upright is the LORD; therefore he instructs sinners in his ways.

Good and upright is the LORD; therefore he

instructs sinners in his ways.

L'Éternel est bon et droit: C'est pourquoi il montre aux pécheurs la voie.

L'Éternel est bon et droit: C'est pourquoi il

montre aux pécheurs la voie.

(24) 我們相愛，不要只在言語和舌頭上，總要在行為和誠實上。 （約翰一書 3 章 18 節）

Let us not love with words or tongue but with actions and in truth.

Let us not love with words or tongue but with

actions and in truth.

N'aimons pas en paroles et avec la langue, mais en actions et avec vérité.

N'aimons pas en paroles et avec la langue,

mais en actions et avec vérité.

(25) 能聽的耳，能看的眼，都是耶和華所造的。 （箴言 20 章 12 節）

Ears that hear and eyes that see - -the LORD has made them both.

Ears that hear and eyes that see - -the LORD

has made them both.

L'oreille qui entend, et l'oeil qui voit, C'est l'Éternel qui les a faits l'un et l'autre.

L'oreille qui entend, et l'oeil qui voit, C'est

l'Éternel qui les a faits l'un et l'autre.

(26) 你的眼睛若昏花，全身就黑暗；你裡頭的光若黑暗了，那黑暗是何等大呢！

（馬太福音6章23節）

If your eyes are bad, your whole body will be full of darkness. If then the light within you is darkness, how great is that darkness!

三月

If your eyes are bad, your whole body will be
full of darkness. If then the light within you is
darkness, how great is that darkness!

Si ton oeil est en mauvais état, tout ton corps sera dans les ténèbres. Si donc la lumière qui est en toi est ténèbres, combien seront grandes ces ténèbres!

Si ton oeil est en mauvais état, tout ton
corps sera dans les ténèbres. Si donc la
lumière qui est en toi est ténèbres, combien
seront grandes ces ténèbres!

(27) 不要勞碌求富，休仗自己的聰明。 （箴言23章4節）

Do not wear yourself out to get rich; have the wisdom to show restraint.

Do not wear yourself out to get rich; have the

wisdom to show restraint.

Ne te tourmente pas pour t'enrichir; N'y applique pas ton intelligence.

Ne te tourmente pas pour t'enrichir; N'y

applique pas ton intelligence.

(28) 寧可在安靜之中聽智慧人的言語，不聽掌管愚昧人的喊聲。 （傳道書9章17節）

The quiet words of the wise are more to be heeded than the shouts of a ruler of fools.

The quiet words of the wise are more to be

heeded than the shouts of a ruler of fools.

Les paroles des sages tranquillement écoutées valent mieux que les cris de celui qui domine parmi les insensés.

Les paroles des sages tranquillement écoutées

valent mieux que les cris de celui qui domine

parmi les insensés.

(29) 不要貪睡，免致貧窮。 （箴言 20 章 13 節）

Do not love sleep or you will grow poor.

Do not love sleep or you will grow poor.

N'aime pas le sommeil, de peur que tu ne deviennes pauvre.

N'aime pas le sommeil, de peur que tu ne

deviennes pauvre.

(30) 計謀都憑籌算立定，打仗要憑智謀。 （箴言 20 章 18 節）

Make plans by seeking advice; if you wage war, obtain guidance.

Make plans by seeking advice; if you wage

war, obtain guidance.

Les projets s'affermissent par le conseil; Fais la guerre avec prudence.

Les projets s'affermissent par le conseil; Fais

la guerre avec prudence.

(31) 咒罵父母的，他的燈必滅，變為漆黑的黑暗。 （箴言 20 章 20 節）

If a man curses his father or mother, his lamp will be snuffed out in pitch darkness.

If a man curses his father or mother, his lamp

will be snuffed out in pitch darkness.

Si quelqu'un maudit son père et sa mère, Sa lampe s'éteindra au milieu des ténèbres.

Si quelqu'un maudit son père et sa mère, Sa lampe s'éteindra au milieu des ténèbres.

Life's truest happiness is found in Friendships we make along the way

Jennie N.
2016.08

良好友誼的建立為我們鋪築通往幸福人生的道路！

四月 · April · avril

① 願耶和華從錫安賜福給你。願你一生一世，看見耶路撒冷的好處。（詩篇128章5節）

May the LORD bless you from Zion all the days of your life; may you see the prosperity of Jerusalem.

May the LORD bless you from Zion all the

days of your life; may you see the prosperity of

Jerusalem.

L'Éternel te bénira de Sion, Et tu verras le bonheur de Jérusalem Tous les jours de ta vie.

L'Éternel te bénira de Sion, Et tu verras le

bonheur de Jérusalem Tous les jours de ta vie.

② 高舉智慧，他就使你高陞；懷抱智慧，他就使你尊榮。 （箴言4章8節）

Esteem her, and she will exalt you; embrace her, and she will honor you.

Esteem her, and she will exalt you; embrace her,

and she will honor you.

Exalte-la, et elle t'élèvera; Elle fera ta gloire, si tu l'embrasses.

Exalte-la, et elle t'élèvera; Elle fera ta gloire, si tu l'embrasses.

③ 殷勤不可懶惰，要心裡火熱，常常服事主。 （羅馬書12章11節）

Never be lacking in zeal, but keep your spiritual fervor, serving the Lord.

Never be lacking in zeal, but keep your spiritual fervor, serving the Lord.

Ayez du zèle, et non de la paresse. Soyez fervents d'esprit. Servez le Seigneur.

Ayez du zèle, et non de la paresse. Soyez fervents d'esprit. Servez le Seigneur.

(4) 你們要休息，要知道我是神，我必在外邦中被尊崇，在遍地上也被尊崇。

（詩篇 46 章 10 節）

Be still, and know that I am God; I will be exalted among the nations, I will be exalted in the earth.

Be still, and know that I am God; I will be exalted among the nations, I will be exalted in the earth.

Arrêtez, et sachez que je suis Dieu: Je domine sur les nations, je domine sur la terre.

Arrêtez, et sachez que je suis Dieu: Je domine sur les nations, je domine sur la terre.

(5) 主的靈在我身上，因為他用膏膏我，叫我傳福音給貧窮的人。 （路加福音 4 章 18 節）

The Spirit of the Lord is on me, because he has anointed me to preach good news to the poor.

The Spirit of the Lord is on me, because he has anointed me to preach good news to the poor.

L'Esprit du Seigneur est sur moi, Parce qu'il m'a oint pour annoncer une bonne nouvelle aux pauvres.

L'Esprit du Seigneur est sur moi, Parce qu'il m'a oint pour annoncer une bonne nouvelle aux pauvres.

---

6 各樣的惡事要禁戒不作。 （帖撒羅尼迦前書5章22節）

Avoid every kind of evil.

Avoid every kind of evil.

Abstenez-vous de toute espèce de mal.

Abstenez-vous de toute espèce de mal.

---

7 凡活著信我的人，必永遠不死。你信這話麼？ （約翰福音11章26節）

Whoever lives and believes in me will never die. Do you believe this?

Whoever lives and believes in me will never

die. Do you believe this?

Et quiconque vit et croit en moi ne mourra jamais. Crois-tu cela?

Et quiconque vit et croit en moi ne mourra ja-

mais. Crois-tu cela?

(8) 強壯乃少年人的榮耀，白髮為老年人的尊榮。 （箴言 20 章 29 節）

The glory of young men is their strength, gray hair the splendor of the old.

The glory of young men is their strength, gray

hair the splendor of the old.

La force est la gloire des jeunes gens, Et les cheveux blancs sont l'ornement des vieillards.

La force est la gloire des jeunes gens, Et les

cheveux blancs sont l'ornement des vieillards.

(9) 耶穌對他說：『復活在我，生命也在我；信我的人，雖然死了，也必復活。』

(約翰福音11章25節)

Jesus said to her, "I am the resurrection and the life. He who believes in me will live, even though he dies."

Jesus said to her, "I am the resurrection and the life. He who believes in me will live, even though he dies."

Jésus lui dit: Je suis la résurrection et la vie. Celui qui croit en moi vivra, quand même il serait mort.

Jésus lui dit: Je suis la résurrection et la vie. Celui qui croit en moi vivra, quand même il serait mort.

(10) 孩子死了我何必禁食，我豈能使他返回呢。我必往他那裡去，他卻不能回我這裡來。

（撒母耳記下 12 章 23 節）

But now that he is dead, why should I fast? Can I bring him back again? I will go to him, but he will not return to me.

But now that he is dead, why should I fast? Can I bring him back again? I will go to him, but he will not return to me.

Maintenant qu'il est mort, pourquoi jeûnerais-je? Puis-je le faire revenir? J'irai vers lui, mais il ne reviendra pas vers moi.

Maintenant qu'il est mort, pourquoi jeûnerais-je? Puis-je le faire revenir? J'irai vers lui, mais il ne reviendra pas vers moi.

(11) 智慧為首，所以要得智慧；在你一切所得之內，必得聰明。 （箴言 4 章 7 節）

Wisdom is supreme; therefore get wisdom. Though it cost all you have, get understanding.

Wisdom is supreme; therefore get wisdom.

Though it cost all you have, get understanding.

Voici le commencement de la sagesse: Acquiers la sagesse, Et avec tout ce que tu possèdes acquiers l'intelligence.

Voici le commencement de la sagesse: Acqui-

ers la sagesse, Et avec tout ce que tu possèdes

acquiers l'intelligence.

(12) 你的眼目，要向前正看你的眼睛，當向前直觀。 （箴言 4 章 25 節）

Let your eyes look straight ahead, fix your gaze directly before you.

Let your eyes look straight ahead, fix your

gaze directly before you.

Que tes yeux regardent en face, Et que tes paupières se dirigent devant toi.

Que tes yeux regardent en face, Et que tes

paupières se dirigent devant toi.

(13) 用繩量給我的地界，坐落在佳美之處，我的產業實在美好。 (詩篇 16 章 6 節)

The boundary lines have fallen for me in pleasant places; surely I have a delightful inheritance.

The boundary lines have fallen for me in pleasant

places; surely I have a delightful inheritance.

Un héritage délicieux m'est échu, Une belle possession m'est accordée.

Un héritage délicieux m'est échu, Une belle

possession m'est accordée.

(14) 也不用人手服事，好像缺少甚麼，自己倒將生命、氣息、萬物賜給萬人。

(使徒行傳 17 章 25 節)

And he is not served by human hands, as if he needed anything, because he himself gives all men life and breath and everything else.

And he is not served by human hands, as if he
needed anything, because he himself gives all
men life and breath and everything else.

Il n'est point servi par des mains humaines, comme s'il avait besoin de quoi que ce soit, lui qui donne à tous la vie, la respiration, et toutes choses.

Il n'est point servi par des mains humaines,
comme s'il avait besoin de quoi que ce soit,
lui qui donne à tous la vie, la respiration, et
toutes choses.

15 義人的路，好像黎明的光，越照越明，直到日午。 （箴言 4 章 18 節）

The path of the righteous is like the first gleam of dawn, shining ever brighter till the full light of day.

The path of the righteous is like the first gleam of dawn, shining ever brighter till the full light of day.

Le sentier des justes est comme la lumière resplendissante, Dont l'éclat va croissant jusqu'au milieu du jour.

Le sentier des justes est comme la lumière resplendissante, Dont l'éclat va croissant jusqu'au milieu du jour.

16 你要除掉邪僻的口，棄絕乖謬的嘴。 （箴言 4 章 24 節）

Put away perversity from your mouth; keep corrupt talk far from your lips.

Put away perversity from your mouth; keep

corrupt talk far from your lips.

Écarte de ta bouche la fausseté, Éloigne de tes lèvres les détours.

Écarte de ta bouche la fausseté, Éloigne de tes

lèvres les détours.

17 要修平你腳下的路，堅定你一切的道。 （箴言 4 章 26 節）

Make level paths for your feet and take only ways that are firm.

Make level paths for your feet and take only

ways that are firm.

Considère le chemin par où tu passes, Et que toutes tes voies soient bien réglées.

Considère le chemin par où tu passes, Et que toutes tes voies soient bien réglées.

(18) 棄絕管教的，必致貧受辱；領受責備的，必得尊榮。 （箴言13章18節）

He who ignores discipline comes to poverty and shame, but whoever heeds correction is honored.

He who ignores discipline comes to poverty and shame, but whoever heeds correction is honored.

La pauvreté et la honte sont le partage de celui qui rejette la correction, Mais celui qui a égard à la réprimande est honoré.

La pauvreté et la honte sont le partage de celui qui rejette la correction, Mais celui qui a égard à la réprimande est honoré.

19 不可偏向左右，要使你的腳離開邪惡。 （箴言 4 章 27 節）

Do not swerve to the right or the left; keep your foot from evil.

Do not swerve to the right or the left; keep your

foot from evil.

N'incline ni à droite ni à gauche, Et détourne ton pied du mal.

N'incline ni à droite ni à gauche, Et détourne

ton pied du mal.

20 以知識使深淵裂開，使天空滴下甘露。 （箴言 3 章 20 節）

By his knowledge the deeps were divided, and the clouds let drop the dew.

By his knowledge the deeps were divided, and

the clouds let drop the dew.

C'est par sa science que les abîmes se sont ouverts, Et que les nuages distillent la rosée.

C'est par sa science que les abîmes se sont ou-

verts, Et que les nuages distillent la rosée.

(21) 不可偏離左右，使你無論往那裡去，都可以順利。 （約書亞記 1 章 7 節）

Do not turn from it to the right or to the left, that you may be successful wherever you go.

Do not turn from it to the right or to the left,

that you may be successful wherever you go.

Ne t'en détourne ni à droite ni à gauche, afin de réussir dans tout ce que tu entreprendras.

Ne t'en détourne ni à droite ni à gauche, afin

de réussir dans tout ce que tu entreprendras.

(22) 忽然來的驚恐，不要害怕；惡人遭毀滅，也不要恐懼。 （箴言 3 章 25 節）

Have no fear of sudden disaster or of the ruin that overtakes the wicked.

Have no fear of sudden disaster or of the ruin that overtakes the wicked.

Ne redoute ni une terreur soudaine, Ni une attaque de la part des méchants.

Ne redoute ni une terreur soudaine, Ni une attaque de la part des méchants.

(23) 你的鄰舍，既在你附近安居，你不可設計害他。 （箴言 3 章 29 節）

Do not plot harm against your neighbor, who lives trustfully near you.

Do not plot harm against your neighbor, who lives trustfully near you.

Ne médite pas le mal contre ton prochain, Lorsqu'il demeure tranquillement près de toi.

Ne médite pas le mal contre ton prochain, Lorsqu'il demeure tranquillement près de toi.

(24) 不可嫉妒強暴的人，也不可選擇他所行的。 　　　　　　　　　　（箴言 3 章 31 節）

Do not envy a violent man or choose any of his ways.

Do not envy a violent man or choose any of his ways.

Ne porte pas envie à l'homme violent, Et ne choisis aucune de ses voies.

Ne porte pas envie à l'homme violent, Et ne choisis aucune de ses voies.

(25) 我們曉得萬事都互相效力，叫愛；神的人得益處，就是按他旨意被召的人。

（羅馬書 8 章 28 節）

We know that in all things God works for the good of those who love him, who have been called according to his purpose.

We know that in all things God works for the

good of those who love him, who have been

called according to his purpose.

Nous savons, du reste, que toutes choses concourent au bien de ceux qui aiment Dieu, de ceux qui sont appelés selon son dessein.

Nous savons, du reste, que toutes choses

concourent au bien de ceux qui aiment Dieu,

de ceux qui sont appelés selon son dessein.

(26) 遵守他的法度，一心尋求他的，這人便為有福。 （詩篇 119 章 2 節）

Blessed are they who keep his statutes and seek him with all their heart.

Blessed are they who keep his statutes and

seek him with all their heart.

Heureux ceux qui gardent ses préceptes, Qui le cherchent de tout leur coeur.

Heureux ceux qui gardent ses préceptes, Qui

le cherchent de tout leur coeur.

(27) 如今常存的有信，有望，有愛這三樣，其中最大的是愛。 （哥林多前書 13 章 13 節）

And now these three remain: faith, hope and love. But the greatest of these is love.

And now these three remain: faith, hope and

love. But the greatest of these is love.

Maintenant donc ces trois choses demeurent: la foi, l'espérance, la charité; mais la plus grande de ces choses, c'est la charité.

Maintenant donc ces trois choses demeurent:

la foi, l'espérance, la charité; mais la plus

grande de ces choses, c'est la charité.

(28) 我學了你公義的判語，就要以正直的心稱謝你。　　　　　　（詩篇 119 章 7 節）

I will praise you with an upright heart as I learn your righteous laws.

I will praise you with an upright heart as I

learn your righteous laws.

Je te louerai dans la droiture de mon coeur; En apprenant les lois de ta justice.

Je te louerai dans la droiture de mon coeur;

En apprenant les lois de ta justice.

(29) 求你開我的眼睛，使我看出你律法中的奇妙。 （詩篇 119 章 18 節）

Open my eyes that I may see wonderful things in your law.

Open my eyes that I may see wonderful things in your law.

Ouvre mes yeux, pour que je contemple Les merveilles de ta loi!

Ouvre mes yeux, pour que je contemple Les merveilles de ta loi!

(30) 你使我心裡快樂，勝過那豐收五穀、新酒的人。 （詩篇 4 章 7 節）

You have filled my heart with greater joy than when their grain and new wine abound.

You have filled my heart with greater joy than

when their grain and new wine abound.

Tu mets dans mon coeur plus de joie qu'ils n'en ont Quand abondent leur froment et leur moût.

Tu mets dans mon coeur plus de joie qu'ils n'en

ont Quand abondent leur froment et leur moût.

四月

心靈
對話

堅定的信念有如一雙強健翅膀，可以帶你振翅高飛！

五月 · *May* · *mai*

① 他要使你的公義，如光發出，使你的公平，明如正午。 (詩篇37章6節)

He will make your righteousness shine like the dawn, the justice of your cause like the noonday sun.

He will make your righteousness shine like the

dawn, the justice of your cause like the noonday sun.

Il fera paraître ta justice comme la lumière, Et ton droit comme le soleil à son midi.

Il fera paraître ta justice comme la lumière, Et

ton droit comme le soleil à son midi.

② 得智慧勝似得金子，選聰明強如選銀子。 (箴言16章16節)

How much better to get wisdom than gold, to choose understanding rather than silver!

How much better to get wisdom than gold, to

choose understanding rather than silver!

Combien acquérir la sagesse vaut mieux que l'or! Combien acquérir l'intelligence est préférable à l'argent!

Combien acquérir la sagesse vaut mieux que l'or! Combien acquérir l'intelligence est préférable à l'argent!

(3) 驕傲在敗壞以先，狂心在跌倒之前。 （箴言 16 章 18 節）

Pride goes before destruction, a haughty spirit before a fall.

Pride goes before destruction, a haughty spirit before a fall.

L'arrogance précède la ruine, Et l'orgueil précède la chute.

L'arrogance précède la ruine, Et l'orgueil précède la chute.

(4) 但願使人有盼望的神，因信，將諸般的喜樂平安充滿你們的心，使你們藉著聖靈的能力，大有盼望。

（羅馬書 15 章 13 節）

May the God of hope fill you with all joy and peace as you trust in him, so that you may overflow with hope by the power of the Holy Spirit.

May the God of hope fill you with all joy and
peace as you trust in him, so that you may overflow with hope by the power of the Holy Spirit.

Que le Dieu de l'espérance vous remplisse de toute joie et de toute paix dans la foi,
pour que vous abondiez en espérance, par la puissance du Saint Esprit!

Que le Dieu de l'espérance vous remplisse de
toute joie et de toute paix dans la foi, pour
que vous abondiez en espérance, par la puissance du Saint Esprit!

（5） 人有智慧就有生命的泉源，愚昧人必被愚昧懲治。 　　　　　（箴言 16 章 22 節）

Understanding is a fountain of life to those who have it, but folly brings punishment to fools.

Understanding is a fountain of life to those who
have it, but folly brings punishment to fools.

La sagesse est une source de vie pour celui qui la possède; Et le châtiment des insensés, c'est leur folie.

La sagesse est une source de vie pour celui qui
la possède; Et le châtiment des insensés, c'est
leur folie.

(6) 用溫柔勸戒那抵擋的人。 （提摩太後書 2 章 25 節）

Those who oppose him he must gently instruct.

Those who oppose him he must gently instruct.

Il doit redresser avec douceur les adversaires.

Il doit redresser avec douceur les adversaires.

(7) 只是不可忘記行善，和捐輸的事，因為這樣的祭，是神所喜悅的。

（希伯來書 13 章 16 節）

Do not forget to do good and to share with others, for with such sacrifices God is pleased.

Do not forget to do good and to share with oth-ers, for with such sacrifices God is pleased.

N'oubliez pas la bienfaisance et la libéralité, car c'est à de tels sacrifices que Dieu prend plaisir.

N'oubliez pas la bienfaisance et la libéralité, car c'est à de tels sacrifices que Dieu prend plaisir.

8　願主與你的靈同在！願恩惠常與你們同在！　　　　　　（提摩太後書 4 章 22 節）

The Lord be with your spirit. Grace be with you.

The Lord be with your spirit. Grace be with you.

Que le Seigneur soit avec ton esprit! Que la grâce soit avec vous!

Que le Seigneur soit avec ton esprit! Que la

grâce soit avec vous!

9　智慧人的心，教訓他的口，又使他的嘴增長學問。　　　　（箴言 16 章 23 節）

A wise man's heart guides his mouth, and his lips promote instruction.

A wise man's heart guides his mouth, and his

lips promote instruction.

Celui qui est sage de coeur manifeste la sagesse par sa bouche, Et l'accroissement de son savoir paraît sur ses lèvres.

Celui qui est sage de coeur manifeste la sag-

esse par sa bouche, Et l'accroissement de son

savoir paraît sur ses lèvres.

(10) 赦免我們的罪，因為我們也赦免凡虧欠我們的人。不叫我們遇見試探，救我們
脫離兇惡。

（路加福音 11 章 4 節）

Forgive us our sins, for we also forgive everyone who sins against us. And lead us not into temptation.

Forgive us our sins, for we also forgive every-

one who sins against us. And lead us not into

temptation.

Pardonne-nous nos péchés, car nous aussi nous pardonnons à quiconque nous offense;
et ne nous induis pas en tentation.

Pardonne-nous nos péchés, car nous aussi nous

pardonnons à quiconque nous offense; et ne nous

induis pas en tentation.

(11) 那美好的仗我已經打過了，當跑的路我已經跑盡了，所信的道我已經守住了。

（提摩太後書4章7節）

I have fought the good fight, I have finished the race, I have kept the faith.

I have fought the good fight, I have finished

the race, I have kept the faith.

J'ai combattu le bon combat, j'ai achevé la course, j'ai gardé la foi.

J'ai combattu le bon combat, j'ai achevé la

course; j'ai gardé la foi.

(12) 然而你們各人都當愛妻子，如同愛自己一樣；妻子也當敬重他的丈夫。

（以弗所書5章33節）

However, each one of you also must love his wife as he loves himself, and the wife must respect her husband.

However, each one of you also must love his

wife as he loves himself, and the wife must re-

spect her husband.

Du reste, que chacun de vous aime sa femme comme lui-même, et que la femme respecte son mari.

Du reste, que chacun de vous aime sa femme

comme lui-même, et que la femme respecte son

mari.

(13) 因為凡有的，還要加給他，叫他有餘。 （馬太福音 25 章 29 節）

For everyone who has will be given more, and he will have an abundance.

For everyone who has will be given more, and he will have an abundance.

Car on donnera à celui qui a, et il sera dans l'abondance.

Car on donnera à celui qui a, et il sera dans l'abondance.

(14) 耶和華本為善，在患難的日子為人的保障，並且認得那些投靠他的人。 （那鴻書 1 章 7 節）

The LORD is good, a refuge in times of trouble. He cares for those who trust in him.

The LORD is good, a refuge in times of trou-ble. He cares for those who trust in him.

L'Éternel est bon, Il est un refuge au jour de la détresse; Il connaît ceux qui se confient en lui.

L'Éternel est bon, Il est un refuge au jour de la

détresse; Il connaît ceux qui se confient en lui.

(15) 願純全正直保守我，因為我等候你。 （詩篇 25 章 21 節）

May integrity and uprightness protect me, because my hope is in you.

May integrity and uprightness protect me, be-

cause my hope is in you.

Que l'innocence et la droiture me protègent, Quand je mets en toi mon espérance!

Que l'innocence et la droiture me protègent,

Quand je mets en toi mon espérance!

16 求你看顧我的困苦、我的艱難、赦免我一切的罪。 （詩篇 25 章 18 節）

Look upon my affliction and my distress and take away all my sins.

Look upon my affliction and my distress and take away all my sins.

Vois ma misère et ma peine, Et pardonne tous mes péchés.

Vois ma misère et ma peine, Et pardonne tous mes péchés.

17 凡祈求的就得著，尋找的就尋見，叩門的就給他開門。 （路加福音 11 章 10 節）

For everyone who asks receives; he who seeks finds; and to him who knocks, the door will be opened.

For everyone who asks receives; he who seeks finds; and to him who knocks, the door will be opened.

Car quiconque demande reçoit, celui qui cherche trouve, et l'on ouvre à celui qui frappe.

Car quiconque demande reçoit, celui qui cher-

che trouve, et l'on ouvre à celui qui frappe.

(18) 他對我說：「我的恩典夠你用的，因為我的能力是在人的軟弱上顯得完全。」

（哥林多後書 12 章 9 節）

He said to me, "My grace is sufficient for you, for my power is made perfect in weakness."

He said to me, "My grace is sufficient for you,

for my power is made perfect in weakness."

Il m'a dit, "Grâce te suffit, car ma puissance s'accomplit dans la faiblesse."

Il m'a dit, "Grâce te suffit, car ma puissance

s'accomplit dans la faiblesse."

(19) 污穢的言語，一句不可出口。 （以弗所書4章29節）

Do not let any unwholesome talk come out of your mouths.

Do not let any unwholesome talk come out of

your mouths.

Qu'il ne sorte de votre bouche aucune parole mauvaise.

Qu'il ne sorte de votre bouche aucune parole

mauvaise.

(20) 凡你手所當作的事，要盡力去作。 （傳道書9章10節）

Whatever your hand finds to do, do it with all your might.

Whatever your hand finds to do, do it with all

your might.

五月

Tout ce que ta main trouve à faire avec ta force, fais-le.

Tout ce que ta main trouve à faire avec ta force, fais-le.

(21) 主怎樣饒恕了你們，你們也要怎樣饒恕人。 （歌羅西書 3 章 13 節）

Forgive as the Lord forgave you.

Forgive as the Lord forgave you.

De même que Christ vous a pardonné, pardonnez-vous aussi.

De même que Christ vous a pardonné, pardonnez-vous aussi.

(22) 生氣卻不要犯罪，不可含怒到日落。 （以弗所書 4 章 26 節）

In your anger do not sin. Do not let the sun go down while you are still angry.

In your anger do not sin. Do not let the sun go down while you are still angry.

Si vous vous mettez en colère, ne péchez point; que le soleil ne se couche pas sur votre colère.

Si vous vous mettez en colère, ne péchez point;

que le soleil ne se couche pas sur votre colère.

(23) 我從出母胎被你扶持，我必常常讚美你。 （詩篇71章6節）

From birth I have relied on you, I will ever praise you.

From birth I have relied on you, I will ever

praise you.

Dès le ventre de ma mère je m'appuie sur toi, tu es sans cesse l'objet de mes louanges.

Dès le ventre de ma mère je m'appuie sur toi,

tu es sans cesse l'objet de mes louanges.

(24) 只要隨事說造就人的好話，叫聽見的人得益處。 （以弗所書 4 章 29 節）

But only what is helpful for building others up according to their needs, that it may benefit those who listen.

But only what is helpful for building others
up according to their needs, that it may benefit
those who listen.

Mais, s'il y a lieu, quelque bonne parole, qui serve à l'édification et communique une grâce à ceux qui l'entendent.

Mais, s'il y a lieu, quelque bonne parole, qui
serve à l'édification et communique une grâce à
ceux qui l'entendent.

(25) 你要聽從生你的父親，你母親老了，也不可藐視他。 （箴言 23 章 22 節）

Listen to your father, who gave you life, and do not despise your mother when she is old.

Listen to your father, who gave you life, and do not despise your mother when she is old.

Écoute ton père, lui qui t'a engendré, Et ne méprise pas ta mère, quand elle est devenue vieille.

Écoute ton père, lui qui t'a engendré, Et ne méprise pas ta mère, quand elle est devenue vieille.

(26) 我看重他口中的言語，過於我需用的飲食。 （約伯記 23 章 12 節）

I have treasured the words of his mouth more than my daily bread.

I have treasured the words of his mouth more than my daily bread.

J'ai fait plier ma volonté aux paroles de sa bouche.

J'ai fait plier ma volonté aux paroles de sa bouche.

(27) 我呼求的日子，你就應允我、鼓勵我，使我心裡有能力。 （詩篇 138 章 3 節）

When I called, you answered me; you made me bold and stouthearted.

When I called, you answered me; you made me bold and stouthearted.

Le jour où je t'ai invoqué, tu m'as exaucé, Tu m'as rassuré, tu as fortifié mon âme.

Le jour où je t'ai invoqué, tu m'as exaucé, Tu m'as rassuré, tu as fortifié mon âme.

(28) 要孝敬父母，使你得福，在世長壽，這是第一條帶應許的誡命。（以弗所書6章2節）

"Honor your father and mother", which is the first commandment with a promise.

"Honor your father and mother", which is the first commandment with a promise.

"Honore ton père et ta mère", c'est le premier commandement avec une promesse.

"Honore ton père et ta mère", c'est le premier commandement avec une promesse.

(29) 喜樂的心，乃是良藥；憂傷的靈，使骨枯乾。 （箴言17章22節）

A cheerful heart is good medicine, but a crushed spirit dries up the bones.

A cheerful heart is good medicine, but a crushed spirit dries up the bones.

Un coeur joyeux est un bon remède, Mais un esprit abattu dessèche les os.

Un coeur joyeux est un bon remède, Mais un esprit abattu dessèche les os.

(30) 凡事謝恩！   （帖撒羅尼迦前書 5 章 22 節）

Give thanks in all circumstances!

Give thanks in all circumstances!

Rendez grâces en toutes choses!

Rendez grâces en toutes choses!

(31) 凡事察驗，善美的要持守。   （帖撒羅尼迦前書 5 章 21 節）

Test everything. Hold on to the good.

Test everything. Hold on to the good.

Mais examinez toutes choses; retenez ce qui est bon.

Mais examinez toutes choses; retenez ce qui est bon.

Love
from deep
in my
Heart I Share
with You.

我與你分享的是深藏在內心之愛！

① 然而，靠著愛我們的主，在這一切的事上已經得勝有餘了。 （羅馬書 8 章 37 節）

No, in all these things we are more than conquerors through him who loved us.

No, in all these things we are more than con-

querors through him who loved us.

Mais, dans toutes ces choses nous sommes plus que vainqueurs par celui qui nous a aimés.

Mais, dans toutes ces choses nous sommes

plus que vainqueurs par celui qui nous a

aimés.

② 你不要害怕，因為我與你同在！ （以賽亞書 41 章 10 節）

So do not fear, for I am with you.

So do not fear, for I am with you.

Ne crains rien, car je suis avec toi.

Ne crains rien, car je suis avec toi.

③ 主雖使人憂愁，還要照他諸般的慈愛發憐憫。 （耶利米哀歌 3 章 32 節）

Though he brings grief, he will show compassion, so great is his unfailing love.

Though he brings grief, he will show compassion, so great is his unfailing love.

Lorsqu'il afflige, Il a compassion selon sa grande miséricorde.

Lorsqu'il afflige, Il a compassion selon sa grande miséricorde.

④ 我靠著那加給我力量的，凡事都能做。 （腓立比書 4 章 13 節）

I can do everything through him who gives me strength.

I can do everything through him who gives me

125

strength.

Je puis tout par celui qui me fortifie.

Je puis tout par celui qui me fortifie.

⑤ 所求於管家的，是要他有忠心。 (哥林多前書4章2節)

Now it is required that those who have been given a trust must prove faithful.

Now it is required that those who have been given a trust must prove faithful.

Du reste, ce qu'on demande des dispensateurs, c'est que chacun soit trouvé fidèle.

Du reste, ce qu'on demande des dispensateurs, c'est que chacun soit trouvé fidèle.

6 有些人自高自大，以為我不到你們那裡去。 （哥林多前書 4 章 18 節）

Some of you have become arrogant, as if I were not coming to you.

Some of you have become arrogant, as if I were not coming to you.

Quelques-uns se sont enflés d'orgueil, comme si je ne devais pas aller chez vous.

Quelques-uns se sont enflés d'orgueil, comme si je ne devais pas aller chez vous.

六月

7 我並不求甚麼餽送，所求的就是你們的果子漸漸增多，多歸在你們的賬上。 （哥林多後書 9 章 15 節）

Not that I am looking for a gift, but I am looking for what may be credited to your account.

Not that I am looking for a gift, but I am looking for what may be credited to your account.

Ce n'est pas que je recherche les dons; mais je recherche le fruit qui abonde pour votre compte.

Ce n'est pas que je recherche les dons; mais je

recherche le fruit qui abonde pour votre compte.

(8) 各人應當察驗自己的行為，這樣，他所誇的就專在自己，不在別人了。

（加拉太書 6 章 4 節）

Each one should test his own actions. Then he can take pride in himself, without comparing himself to somebody else.

Each one should test his own actions. Then he

can take pride in himself, without comparing

himself to somebody else.

Que chacun examine ses propres oeuvres, et alors il aura sujet de se glorifier pour lui seul, et non par rapport à autrui.

Que chacun examine ses propres oeuvres, et

alors il aura sujet de se glorifier pour lui seul,

et non par rapport à autrui.

9 這律法書不可離開你的口，總要晝夜思想，好使你謹守遵行這書上所寫的一切話。

（約書亞記 1 章 8 節）

Do not let this Book of the Law depart from your mouth; meditate on it day and night, so that you may be careful to do everything written in it.

Do not let this Book of the Law depart from your mouth; meditate on it day and night, so that you may be careful to do everything written in it.

Que ce livre de la loi ne s'éloigne point de ta bouche; médite-le jour et nuit, pour agir fidèlement selon tout ce qui y est écrit.

Que ce livre de la loi ne s'éloigne point de ta bouche; médite-le jour et nuit, pour agir fidèlement selon tout ce qui y est écrit.

(10) 多夢和多言，其中多有虛幻，你只要敬畏神。 (傳道書 5 章 7 節)

Much dreaming and many words are meaningless. Therefore stand in awe of God.

Much dreaming and many words are

meaningless. Therefore stand in awe of God.

Car, s'il y a des vanités dans la multitude des songes, il y en a aussi dans beaucoup de paroles; c'est pourquoi, crains Dieu.

Car, s'il y a des vanités dans la multitude

des songes, il y en a aussi dans beaucoup de

paroles; c'est pourquoi, crains Dieu.

(11) 我像燕子呢喃，像白鶴鳴叫，又像鴿子哀鳴；我因仰觀，眼睛困倦，耶和華阿，我受欺壓，求你為我作保。

（以賽亞書 38 章 14 節）

I cried like a swift or thrush, I moaned like a mourning dove. My eyes grew weak as I looked to the heavens. I am troubled; O Lord, come to my aid!

I cried like a swift or thrush, I moaned like
a mourning dove. My eyes grew weak as I
looked to the heavens. I am troubled; O Lord,
come to my aid!

Je poussais des cris comme une hirondelle en voltigeant, Je gémissais comme la colombe: Mes yeux s'élevaient languissants vers le ciel: O Éternel! je suis dans l'angoisse, secours-moi!

Je poussais des cris comme une hirondelle en
voltigeant, Je gémissais comme la colombe:
Mes yeux s'élevaient languissants vers le ciel:
O Éternel! je suis dans l'angoisse, secours-moi!

131

(12) 但那等候耶和華的，必從新得力，他們必如鷹展翅上騰，他們奔跑卻不困倦，
行走卻不疲乏。

（以賽亞書 40 章 31 節）

But those who hope in the LORD will renew their strength. They will soar on wings like eagles; they will run and not grow weary, they will walk and not be faint..

But those who hope in the LORD will renew their strength. They will soar on wings like eagles; they will run and not grow weary, they will walk and not be faint.

Mais ceux qui se confient en l'Éternel renouvellent leur force. Ils prennent le vol comme les aigles; Ils courent, et ne se lassent point, Ils marchent, et ne se fatiguent point.

Mais ceux qui se confient en l'Éternel renou-
vellent leur force. Ils prennent le vol comme
les aigles; Ils courent, et ne se lassent point.
Ils marchent, et ne se fatiguent point.

(13) 願主耶穌基督的恩常在你們心裡。 （腓立比書4章23節）

The grace of the Lord Jesus Christ be with your spirit. Amen!

The grace of the Lord Jesus Christ be with
your spirit. Amen!

Que la grâce du Seigneur Jésus Christ soit avec votre esprit!

Que la grâce du Seigneur Jésus Christ soit
avec votre esprit!

(14) 主耶和華色列的聖者曾如此說：「你們得救在乎歸回安息；你們得力在乎平平靜安穩，你們竟自不肯。」

（以賽亞書 30 章 15 節）

This is what the Sovereign LORD, the Holy One of Israel, says: "In repentance and rest is your salvation, in quietness and trust is your strength, but you would have none of it.

This is what the Sovereign LORD, the Holy One of Israel, says: "In repentance and rest is your salvation, in quietness and trust is your strength, but you would have none of it.

Car ainsi a parlé le Seigneur, l'Éternel, le Saint d'Israël: C'est dans la tranquillité et le repos que sera votre salut, C'est dans le calme et la confiance que sera votre force. Mais vous ne l'avez pas voulu!

Car ainsi a parlé le Seigneur, l'Éternel, le Saint d'Israël: C'est dans la tranquillité et *te repos que sera votre salut. C'est dans le calme et la confiance que sera votre force. Mais vous ne l'avez pas voulu!*

15 他使草生長，給六畜喫，使菜蔬發長，供給人用，使人從地裡能得食物。

（詩篇 104 章 14 節）

He makes grass grow for the cattle, and plants for man to cultivate - - bringing forth food from the earth.

He makes grass grow for the cattle, and plants for man to cultivate - - bringing forth food from the earth.

Il fait germer l'herbe pour le bétail, Et les plantes pour les besoins de l'homme, Afin que la terre produise de la nourriture.

Il fait germer l'herbe pour le bétail, Et les plantes pour les besoins de l'homme, Afin que la terre produise de la nourriture.

(16) 我受苦是與我有益，為要使我學習你的律例。 （詩篇 119 章 71 節）

It was good for me to be afflicted so that I might learn your decrees.

It was good for me to be afflicted so that I might learn your decrees.

Il m'est bon d'être humilié, Afin que j'apprenne tes statuts.

Il m'est bon d'être humilié, Afin que j'apprenne tes statuts.

17 你口中的訓言與我有益，勝於千萬的金銀。 （詩篇 119 章 72 節）

The law from your mouth is more precious to me than thousands of pieces of silver and gold.

The law from your mouth is more precious to

me than thousands of pieces of silver and gold.

Mieux vaut pour moi la loi de ta bouche Que mille objets d'or et d'argent.

Mieux vaut pour moi la loi de ta bouche

Que mille objets d'or et d'argent.

18 我不撇下你們為孤兒，我必到你們這裡來。 （約翰福音 14 章 18 節）

I will not leave you as orphans; I will come to you.

I will not leave you as orphans; I will come to you.

Je ne vous laisserai pas orphelins, je viendrai à vous.

Je ne vous laisserai pas orphelins, je viend-

rai à vous.

(19) 求你叫真理的話，總不離開我口，因我仰望你的典章。 （詩篇119章43節）

Do not snatch the word of truth from my mouth, for I have put my hope in your laws.

Do not snatch the word of truth from my

mouth, for I have put my hope in your laws.

N'ôte pas entièrement de ma bouche la parole de la vérité! Car j'espère en tes jugements.

N'ôte pas entièrement de ma bouche la parole

de la vérité! Car j'espère en tes jugements.

(20) 你們要靠主常常喜樂！我再說，你們要喜樂！ （腓立比書4章4節）

Rejoice in the Lord always. I will say it again: Rejoice!

Rejoice in the Lord always. I will say it

again: Rejoice!

Réjouissez-vous toujours dans le Seigneur; je le répète, réjouissez-vous.

Réjouissez-vous toujours dans le Seigneur;

je le répète, réjouissez-vous.

(21) 若有甚麼德行，若有甚麼稱讚，這些事你們都要思念。 （腓立比書4章8節）

If anything is excellent or praiseworthy - -think about such things

If anything is excellent or praiseworthy - -

think about such things.

六月

Ce qui est vertueux et digne de louange, soit l'objet de vos pensées.

Ce qui est vertueux et digne de louange, soit

l'objet de vos pensées.

22 因為神賜給我們，不是膽怯的心，乃是剛強、仁愛、謹守的心。（提摩太後書1章7節）

For God did not give us a spirit of timidity, but a spirit of power, of love and of self-discipline.

For God did not give us a spirit of timidity, but

a spirit of power, of love and of self-discipline.

Car ce n'est pas un esprit de timidité que Dieu nous a donné, mais un esprit de force, d'amour et de sagesse.

Car ce n'est pas un esprit de timidité que Dieu

nous a donné, mais un esprit de force, d'amour

et de sagesse.

(23) 惟有忍耐到底的，必然得救。　　　　　　　　　　　　　　（腓立比書 4 章 14 節）

But he who stands firm to the end will be saved.

But he who stands firm to the end will be saved.

Mais celui qui persévérera jusqu'à la fin sera sauvé.

Mais celui qui persévérera jusqu'à la fin sera sauvé.

(24) 於是地發上長出了青草和結種子的菜蔬，各從其類；又長出結果子的樹木，各
　　　從其類，果子都包著核。神看這是好的。　　　　　　　　　（創世記 1 章 12 節）

The land produced vegetation: plants bearing seed according to their kinds and trees bearing fruit with seed in it according to their kinds. And God saw that it was good.

The land produced vegetation: plants bearing seed according to their kinds and trees bearing fruit with seed in it according to their kinds.

六月

And God saw that it was good.

La terre produisit de la verdure, de l'herbe portant de la semence selon son espèce, et des arbres donnant du fruit et ayant en eux leur semence selon leur espèce. Dieu vit que cela était bon.

La terre produisit de la verdure, de l'herbe

portant de la semence selon son espèce, et des

arbres donnant du fruit et ayant en eux leur

semence selon leur espèce. Dieu vit que cela

était bon.

(25) 然而你們和我同受患難，原是美事。 （腓立比書 4 章 14 節）

Yet it was good of you to share in my troubles.

Yet it was good of you to share in my troubles.

Cependant vous avez bien fait de prendre part à ma détresse.

Cependant vous avez bien fait de prendre part à ma détresse.

(26) 神說，天下的水要聚在一處，使旱地露出來，事就這樣成了。 （創世記 1 章 9 節）

God said, "Let the water under the sky be gathered to one place, and let dry ground appear." And it was so.

God said, "Let the water under the sky be gathered to one place, and let dry ground appear." And it was so.

Dieu dit: Que les eaux qui sont au-dessous du ciel se rassemblent en un seul lieu, et que le sec paraisse. Et cela fut ainsi.

Dieu dit: Que les eaux qui sont au-dessous

du ciel se rassemblent en un seul lieu, et que le

sec paraisse. Et cela fut ainsi.

(27) 神稱旱地為地、稱水的聚處為海。神看著是好的。 （創世記1章10節）

God called the dry ground "land," and the gathered waters he called "seas." And God saw that it was good.

God called the dry ground "land," and the

gathered waters he called "seas." And God saw

that it was good.

Dieu appela le sec terre, et il appela l'amas des eaux mers. Dieu vit que cela était bon.

Dieu appela le sec terre, et il appela l'amas

des eaux mers. Dieu vit que cela était bon.

(28) 愚昧人若靜默不言，也可算為智慧；閉口不說，也可算為聰明。 （箴言 17 章 28 節）

Even a fool is thought wise if he keeps silent, and discerning if he holds his tongue.

Even a fool is thought wise if he keeps silent,

and discerning if he holds his tongue.

L'insensé même, quand il se tait, passe pour sage; Celui qui ferme ses lèvres est un homme intelligent.

L'insensé même, quand il se tait, passe pour

sage; Celui qui ferme ses lèvres est un homme

intelligent.

(29) 心存邪僻的，尋不著好處；舌弄是非的，陷在禍患中。 （箴言 17 章 20 節）

A man of perverse heart does not prosper; he whose tongue is deceitful falls into trouble.

A man of perverse heart does not prosper; he

whose tongue is deceitful falls into trouble.

Un coeur faux ne trouve pas le bonheur; Et celui dont la langue est perverse tombe dans le malheur.

Un coeur faux ne trouve pas le bonheur; Et celui

dont la langue est perverse tombe dans le malheur.

(30) 喜愛爭競的，是喜愛過犯；高立家門的，乃自取敗壞。 （箴言 17 章 19 節）

He who loves a quarrel loves sin; he who builds a high gate invites destruction.

He who loves a quarrel loves sin; he who

builds a high gate invites destruction.

Celui qui aime les querelles aime le péché; Celui qui élève sa porte cherche la ruine.

Celui qui aime les querelles aime le péché;

Celui qui élève sa porte cherche la ruine.

Be an
Explorer ~ The
universe
is filled with wonder
& Magical
things.

Jennie W.

做個探險家吧～宇宙裡充滿驚奇和不可思議的事情！

七月 · July · juillet

1 唯喜愛耶和華的律法，晝夜思想，這人便為有福。 （詩篇1章2節）

But his delight is in the law of the LORD, and on his law he meditates day and night.

But his delight is in the law of the LORD,

and on his law he meditates day and night.

Mais qui trouve son plaisir dans la loi de l'Éternel, Et qui la médite jour et nuit!

Mais qui trouve son plaisir dans la loi de

l'Éternel, Et qui la médite jour et nuit!

2 你們祈求，就給你們；尋找，就尋見；叩門，就給你開門。 （馬太福音7章7節）

Ask and it will be given to you; seek and you will find; knock and the door will be opened for you.

Ask and it will be given to you; seek and you will

find; knock and the door will be opened for you.

Demandez, et l'on vous donnera; cherchez, et vous trouverez; frappez, et l'on vous ouvrira.

Demandez, et l'on vous donnera; cherchez, et vous trouverez; frappez, et l'on vous ouvrira.

(3) 當審判的時候，惡人必站立不住。 （詩篇 1 章 5 節）

The wicked will not stand in the judgment.

The wicked will not stand in the judgment.

Les méchants ne résistent pas au jour du jugement.

Les méchants ne résistent pas au jour du jugement.

(4) 我，耶和華是鑒察人心、試驗人肺腑的，要照各人所行的和他作事的結果報應他。 （耶利米書 17 章 10 節）

I, the LORD search the heart and examine the mind, to reward a man according to his conduct, according to what his deeds deserve.

I, the LORD search the heart and examine the

mind, to reward a man according to his conduct,

according to what his deeds deserve.

Moi, l'Éternel, j'éprouve le coeur, je sonde les reins, Pour rendre à chacun selon ses voies, Selon le fruit de ses oeuvres.

Moi, l'Éternel, j'éprouve le coeur, je sonde les

reins, Pour rendre à chacun selon ses voies,

Selon le fruit de ses oeuvres.

⑤ 因為罪的工價乃是死；惟有神的恩賜，在我們的主基督耶穌裡，乃是永生。

(羅馬書6章23節)

For the wages of sin is death, but the gift of God is eternal life iin Christ Jesus, our Lord.

For the wages of sin is death, but the gift of

God is eternal life iin Christ Jesus, our Lord.

Car le salaire du péché, c'est la mort; mais le don gratuit de Dieu, c'est la vie éternelle en Jésus Christ notre Seigneur.

Car le salaire du péché, c'est la mort; mais le

don gratuit de Dieu, c'est la vie éternelle en

Jésus Christ notre Seigneur.

6　因為你們怎樣論斷人，也必怎樣被論斷；你們用甚麼量器量給人，也必用甚麼量器量給你們。

(馬太福音7章2節)

For in the same way you judge others, you will be judged, and with the measure you use, it will be measured to you.

For in the same way you judge others, you will

be judged, and with the measure you use, it will

be measured to you.

Car on vous jugera du jugement dont vous jugez, et l'on vous mesurera avec la mesure dont vous mesurez.

Car on vous jugera du jugement dont vous

jugez, et l'on vous mesurera avec la mesure

dont vous mesurez.

(7) 與喜樂的人要同樂，與哀哭的人要同哭。
（羅馬書 12 章 15 節）

Rejoice with those who rejoice; mourn with those who mourn.

Rejoice with those who rejoice; mourn with

those who mourn.

Réjouissez-vous avec ceux qui se réjouissent; pleurez avec ceux qui pleurent.

Réjouissez-vous avec ceux qui se réjouissent;

pleurez avec ceux qui pleurent.

(8) 若是能行，總要盡力與眾人和睦。 (羅馬書 12 章 18 節)

If it is possible, as far as it depends on you, live at peace with everyone.

If it is possible, as far as it depends on you,

live at peace with everyone.

S'il est possible, autant que cela dépend de vous, soyez en paix avec tous les hommes.

S'il est possible, autant que cela dépend de

vous, soyez en paix avec tous les hommes.

(9) 若有人在基督裡，他就是新造的人；舊事已過，都變成新的了。(哥林多後書 5 章 17 節)

If anyone is in Christ, he is a new creation; the old has gone, the new has come!

If anyone is in Christ, he is a new creation; the

old has gone, the new has come!

Si quelqu'un est en Christ, il est une nouvelle créature. Les choses anciennes sont passées; voici, toutes choses sont devenues nouvelles.

Si quelqu'un est en Christ, il est une nouvelle

créature. Les choses anciennes sont passées;

voici, toutes choses sont devenues nouvelles.

⑩ 神就造出大魚和水中所滋生各樣有生命的動物，各從其類，又造出各樣飛鳥，各從其類，神看著是好的。

(創世記 1 章 21 節)

So God created the great creatures of the sea and every living with which the water teems and that moves about in it, according to their kinds, and every winged bird according to its kind. And God saw that it was good.

So God created the great creatures of the sea

and every living with which the water teems and

that moves about in it, according to their kinds,

and every winged bird according to its kind. And

God saw that it was good.

Dieu créa les grands poissons et tous les animaux vivants qui se meuvent, et que les
eaux produisirent en abondance selon leur espèce; il créa aussi tout oiseau ailé selon
son espèce. Dieu vit que cela était bon.

Dieu créa les grands poissons et tous les animaux vivants qui se meuvent, et que les eaux
produisirent en abondance selon leur espèce;
il créa aussi tout oiseau ailé selon son espèce.
Dieu vit que cela était bon.

157

11 一切都是出於神，祂藉著基督使我們與祂和好，又將勸人與祂和好的職分賜給我們。

（哥林多後書 5 章 18 節）

All this is from God, who reconciled us to himself through Christ and gave us the ministry of reconciliation.

All this is from God, who reconciled us to

himself through Christ and gave us the ministry

of reconciliation.

Et tout cela vient de Dieu, qui nous a réconciliés avec lui par Christ, et qui nous a donné le ministère de la réconciliation.

Et tout cela vient de Dieu, qui nous a récon-

ciliés avec lui par Christ, et qui nous a donné

le ministère de la réconciliation.

(12) 逼迫你們的，要給他們祝福；只要祝福，不可咒詛。 （羅馬書12章14節）

Bless those who persecute you; bless and do not curse.

Bless those who persecute you; bless and do

not curse.

Bénissez ceux qui vous persécutent, bénissez et ne maudissez pas.

Bénissez ceux qui vous persécutent, bénissez

et ne maudissez pas.

(13) 耶和華阿，你必派定我們得平安：因為我們所作的事，都是你給我們成就的。 （以賽亞書26章12節）

LORD, you establish peace for us; all that we have accomplished you have done for us.

LORD, you establish peace for us; all that we

have accomplished you have done for us.

Éternel, tu nous donnes la paix; Car tout ce que nous faisons, C'est toi qui l'accomplis pour nous.

Éternel, tu nous donnes la paix; Car tout ce que nous faisons, C'est toi qui l'accomplis pour nous.

(14) 堅心倚賴你的，你必保守他十分平安，因為他倚靠你。 （以賽亞書26章3節）

You will keep in perfect peace him whose mind is steadfast, because he trusts in you.

You will keep in perfect peace him whose mind is steadfast, because he trusts in you.

A celui qui est ferme dans ses sentiments Tu assures la paix, la paix, Parce qu'il se confie en toi.

A celui qui est ferme dans ses sentiments Tu

assures la paix, la paix. Parce qu'il se confie

en toi.

15 不要以惡報惡，眾人以為美的事，要留心去做。 （羅馬書12章17節）

Do not repay anyone evil for evil. Be careful to do what is right in the eyes of everybody.

Do not repay anyone evil for evil. Be careful

to do what is right in the eyes of everybody.

Ne rendez à personne le mal pour le mal. Recherchez ce qui est bien devant tous les hommes.

Ne rendez à personne le mal pour le mal.

Recherchez ce qui est bien devant tous les

hommes.

(16) 我憑著所賜我的恩，對你們各人說，不要看自己過於所當看的；要照著神所分
給各人信心的大小，看得合乎中道。 （羅馬書 12 章 3 節）

For by the grace given me I say to every one of you: Do not think of yourself more highly than you ought, but rather think of yourself with sober judgment, in accordance with the measure of faith God has given you.

For by the grace given me I say to every one of you: Do not think of yourself more highly than you ought, but rather think of yourself with sober judgment, in accordance with the measure of faith God has given you.

Par la grâce qui m'a été donnée, je dis à chacun de vous de n'avoir pas de lui-même une trop haute opinion, mais de revêtir des sentiments modestes, selon la mesure de foi que Dieu a départie à chacun.

Par la grâce qui m'a été donnée, je dis à chacun de vous de n'avoir pas de lui-même une
trop haute opinion, mais de revêtir des sentiments modestes, selon la mesure de foi que
Dieu a départie à chacun.

(17) 並且神已經叫主復活，也要用自己的能力叫我們復活。　　（哥林多前書6章14節）

By his power God raised the Lord from the dead, and he will raise us also.

By his power God raised the Lord from the
dead, and he will raise us also.

Et Dieu, qui a ressuscité le Seigneur, nous ressuscitera aussi par sa puissance.

Et Dieu, qui a ressuscité le Seigneur, nous

ressuscitera aussi par sa puissance.

(18) 尊貴的不都有智慧，壽高的不都能明白公平。 （約伯記32章9節）

It is not only the old who are wise, not only the aged who understand what is right.

It is not only the old who are wise, not only the

aged who understand what is right.

Ce n'est pas l'âge qui procure la sagesse, Ce n'est pas la vieillesse qui rend capable de juger.

Ce n'est pas l'âge qui procure la sagesse, Ce

n'est pas la vieillesse qui rend capable de juger.

(19) 這耶穌，神已經叫他復活了，我們都為這事作見證。 （使徒行傳 2 章 32 節）

God has raised this Jesus to life, and we are all witnesses of the fact.

God has raised this Jesus to life, and we are
all witnesses of the fact.

C'est ce Jésus que Dieu a ressuscité; nous en sommes tous témoins.

C'est ce Jésus que Dieu a ressuscité; nous en
sommes tous témoins.

(20) 在世上你們有苦難，但你們可以放心，我已經勝了世界。 （約翰福音 16 章 33 節）

In this world you will have trouble. But take heart! I have overcome the world.

In this world you will have trouble. But take
heart! I have overcome the world.

Vous aurez des tribulations dans le monde; mais prenez courage, j'ai vaincu le monde.

Vous aurez des tribulations dans le monde;

mais prenez courage, j'ai vaincu le monde.

(21) 我已將這些事告訴你們，使你們不至跌倒。 (約翰福音 16 章 1 節)

All this I have told you so that you will not go astray.

All this I have told you so that you will not go astray.

Je vous ai dit ces choses, afin qu'elles ne soient pas pour vous une occasion de chute.

Je vous ai dit ces choses, afin qu'elles ne

soient pas pour vous une occasion de chute.

(22) 愛人不可虛假，惡要厭惡，善要親近。 (羅馬書 12 章 9 節)

Love must be sincere. Hate what is evil; cling to what is good.

Love must be sincere. Hate what is evil; cling

to what is good.

Que la charité soit sans hypocrisie. Ayez le mal en horreur; attachez-vous fortement au bien

Que la charité soit sans hypocrisie. Ayez le mal

en horreur; attachez-vous fortement au bien

(23) 以虛謊而得的食物，人覺甘甜；但後來他的口，必充滿塵沙。 （箴言 20 章 17 節）

Food gained by fraud tastes sweet to a man, but he ends up with a mouth full of gravel.

Food gained by fraud tastes sweet to a man, but

he ends up with a mouth full of gravel.

Le pain du mensonge est doux à l'homme, Et plus tard sa bouche est remplie de gravier.

Le pain du mensonge est doux à l'homme, Et

plus tard sa bouche est remplie de gravier.

(24) 我未成形的體質，你的眼早已看見了：你所定的日子，我尚未度一日，你都寫在你的冊上了。

（箴言 3 章 31 節）

Your eyes saw my unformed body. All the days ordained for me were written in your book before one of them came to be.

Your eyes saw my unformed body. All the days
ordained for me were written in your book before one of them came to be.

Quand je n'étais qu'une masse informe, tes yeux me voyaient; Et sur ton livre étaient tous inscrits Les jours qui m'étaient destinés, Avant qu'aucun d'eux existât.

Quand je n'étais qu'une masse informe, tes yeux
me voyaient; Et sur ton livre étaient tous inscrits
Les jours qui m'étaient destinés, Avant qu'aucun d'eux existât.

(25) 咒罵父母的，他的燈必滅，變為漆黑的黑暗。 （箴言 20 章 20 節）

If a man curses his father or mother, his lamp will be snuffed out in pitch darkness.

If a man curses his father or mother, his lamp will be snuffed out in pitch darkness.

Si quelqu'un maudit son père et sa mère, Sa lampe s'éteindra au milieu des ténèbres.

Si quelqu'un maudit son père et sa mère, Sa lampe s'éteindra au milieu des ténèbres.

(26) 神阿！你的意念向我何等寶貴，其數何等眾多。 （詩篇 139 章 17 節）

How precious to me are your thoughts, O God! How vast is the sum of them!

How precious to me are your thoughts, O God!

169

How vast is the sum of them!

Que tes pensées, ô Dieu, me semblent impénétrables! Que le nombre en est grand!

Que tes pensées, ô Dieu, me semblent impénétrables! Que le nombre en est grand!

(27) 不要效法這個世界，只要心意更新而變化，叫你們察驗何為神的善良，純全可喜悅的旨意。

(詩篇 119 章 2 節)

Do not conform any longer to the pattern of this world, but be transformed by the renewing of your mind. Then you will be able to test and approve what God's will is - -his good, pleasing and perfect will.

Do not conform any longer to the pattern of this world, but be transformed by the renewing of your mind. Then you will be able to test and approve what God's will is - -his good, pleasing and perfect will.

Ne vous conformez pas au siècle présent, mais soyez transformés par le renouvellement de l'intelligence, afin que vous discerniez quelle est la volonté de Dieu, ce qui est bon, agréable et parfait.

Ne vous conformez pas au siècle présent, mais soyez transformés par le renouvellement de l'intelligence, afin que vous discerniez quelle est la volonté de Dieu, ce qui est bon, agréable et parfait.

(28) 行為純正的義人，他的子孫，是有福的。 （箴言20章7節）

The righteous man leads a blameless life; blessed are his children after him.

The righteous man leads a blameless life;

blessed are his children after him.

Le juste marche dans son intégrité; Heureux ses enfants après lui!

Le juste marche dans son intégrité; Heureux

ses enfants après lui!

(29) 誰能說，我潔淨了我的心，我脫淨了我的罪。 （箴言20章9節）

Who can say, "I have kept my heart pure; I am clean and without sin"?

Who can say, "I have kept my heart pure; I

am clean and without sin"?

Qui dira: J'ai purifié mon coeur, Je suis net de mon péché?

Qui dira: J'ai purifié mon coeur, Je suis net

de mon péché?

(30) 神阿！求你鑒察我，知道我的心思：試煉我，知道我的意念。　（詩篇139章23節）

Search me, O God, and know my heart; test me and know my anxious thoughts.

Search me, O God, and know my heart; test me

and know my anxious thoughts.

Sonde-moi, ô Dieu, et connais mon coeur! Éprouve-moi, et connais mes pensées!

Sonde-moi, ô Dieu, et connais mon coeur!

Éprouve-moi, et connais mes pensées!

(31) 孩童的動作，是清潔、是正直，都顯明他的本性。 （箴言20章11節）

Even a child is known by his actions, by whether his conduct is pure and right.

Even a child is known by his actions, by

whether his conduct is pure and right.

L'enfant laisse déjà voir par ses actions Si sa conduite sera pure et droite.

L'enfant laisse déjà voir par ses actions Si sa

conduite sera pure et droite.

Aimez davantage
la vie, le Bonheur
sera votre récompense
J.V.

七月

熱愛生活吧～生活會以幸福回饋予你！

八月 · August · août

1 遠離紛爭是人的尊榮，愚妄人都愛爭鬧。 （箴言 20 章 3 節）

It is to a man's honor to avoid strife, but every fool is quick to quarrel.

It is to a man's honor to avoid strife, but every

fool is quick to quarrel.

C'est une gloire pour l'homme de s'abstenir des querelles, Mais tout insensé se livre à l'emportement.

C'est une gloire pour l'homme de s'abstenir

des querelles, Mais tout insensé se livre à

l'emportement.

2 你不可為惡所勝，反要以善勝惡。 （羅馬書 12 章 21 節）

Do not be overcome by evil, but overcome evil with good.

Do not be overcome by evil, but overcome evil

with good.

Combien acquérir la sagesse vaut mieux que l'or! Combien acquérir l'intelligence est préférable à l'argent!

Combien acquérir la sagesse vaut mieux

que l'or! Combien acquérir l'intelligence est

préférable à l'argent!

(3) 往來傳舌的、洩漏密事、大張嘴的，不可與他結交。 （箴言 20 章 19 節）

A gossip betrays a confidence; so avoid a man who talks too much.

A gossip betrays a confidence; so avoid a man

who talks too much.

177

Celui qui répand la calomnie dévoile les secrets; Ne te mêle pas avec celui qui ouvre ses lèvres.

Celui qui répand la calomnie dévoile les secrets;

Ne te mêle pas avec celui qui ouvre ses lèvres.

④ 有金子和許多珍珠，惟有知識的嘴，乃為貴重的珍寶。　　　（箴言 20 章 15 節）

Gold there is, and rubies in abundance, but lips that speak knowledge are a rare jewel.

Gold there is, and rubies in abundance, but lips

that speak knowledge are a rare jewel.

Il y a de l'or et beaucoup de perles; Mais les lèvres savantes sont un objet précieux.

Il y a de l'or et beaucoup de perles; Mais les

lèvres savantes sont un objet précieux.

⑤ 或作執事，就當專一執事；或作教導的，就當專一教導。 （羅馬書 12 章 7 節）

If it is serving, let him serve; if it is teaching, let him teach.

If it is serving, let him serve; if it is teaching, let him teach.

Que celui qui est appelé au ministère s'attache à son ministère; que celui qui enseigne s'attache à son enseignement

Que celui qui est appelé au ministère s'attache à son ministère; que celui qui enseigne s'attache à son enseignement

八月

⑥ 慈愛和誠實彼此相遇，公義和平安彼此相親。 （詩篇 85 章 10 節）

Love and faithfulness meet together; righteousness and peace kiss each other.

Love and faithfulness meet together; righteousness and peace kiss each other.

La bonté et la fidélité se rencontrent, La justice et la paix s'embrassent.

La bonté et la fidélité se rencontrent, La justice

et la paix s'embrassent.

(7) 起初速得的產業、終久卻不為福。 （箴言 20 章 21 節）

An inheritance claimed too soon will not be blessed at the time.

An inheritance claimed too soon will not be

blessed at the time.

Un héritage promptement acquis dès l'origine Ne sera pas béni quand viendra la fin.

Un héritage promptement acquis dès l'origine

Ne sera pas béni quand viendra la fin.

(8) 我在父親面前為孝子，在母親眼中為獨一的嬌兒。 （箴言 4 章 3 節）

When I was a boy in my father's house, still tender, and an only child of my mother.

When I was a boy in my father's house, still
tender, and an only child of my mother.

J'étais un fils pour mon père, Un fils tendre et unique auprès de ma mère.

J'étais un fils pour mon père, Un fils tendre
et unique auprès de ma mère.

八月

(9) 人的靈是耶和華的燈，鑒察人的心腹。 （箴言 20 章 27 節）

The lamp of the LORD searches the spirit of a man; it searches out his inmost being.

The lamp of the LORD searches the spirit of
a man; it searches out his inmost being.

Le souffle de l'homme est une lampe de l'Éternel; Il pénètre jusqu'au fond des entrailles.

Le souffle de l'homme est une lampe de l'Éter-

nel; Il pénètre jusqu'au fond des entrailles.

(10) 酒能使人褻慢，濃酒使人喧嚷；凡因酒錯誤的，就無智慧。 (箴言 20 章 1 節)

Wine is a mocker and beer a brawler; whoever is led astray by them is not wise.

Wine is a mocker and beer a brawler; whoever

is led astray by them is not wise.

Le vin est moqueur, les boissons fortes sont tumultueuses; Quiconque en fait excès n'est pas sage.

Le vin est moqueur, les boissons fortes sont

tumultueuses; Quiconque en fait excès n'est

pas sage.

11 王因仁慈和誠實，得以保全他的國位，也因仁慈立穩。 （箴言 20 章 28 節）

Love and faithfulness keep a king safe; through love his throne is made secure.

Love and faithfulness keep a king safe; through
love his throne is made secure.

La bonté et la fidélité gardent le roi, Et il soutient son trône par la bonté.

La bonté et la fidélité gardent le roi, Et il
soutient son trône par la bonté.

12 你的手製造我，建立我：求你賜我悟性，可以學習你的命令。 （詩篇 119 章 73 節）

Your hands made me and formed me; give me understanding to learn your command.

Your hands made me and formed me; give me
understanding to learn your commands.

八月

Tes mains m'ont créé, elles m'ont formé; Donne-moi l'intelligence, pour que j'apprenne tes commandements!

Tes mains m'ont créé, elles m'ont formé;

Donne-moi l'intelligence, pour que j'apprenne

tes commandements!

---

(13) 我的心因愁苦而消化，求你照你的話使我堅立。 　　　　　(詩篇 119 章 28 節)

My soul is weary with sorrow; strengthen me according to your word.

My soul is weary with sorrow; strengthen me

according to your word.

Mon âme pleure de chagrin: Relève-moi selon ta parole!.

Mon âme pleure de chagrin: Relève-moi selon

ta parole!

14　我揀選了忠信的道，將你的典章擺在我面前。　　　　　　（詩篇 119 章 30 節）

I have chosen the way of truth; I have set my heart on your laws.

I have chosen the way of truth; I have set my

heart on your laws.

Je choisis la voie de la vérité, Je place tes lois sous mes yeux.

Je choisis la voie de la vérité, Je place tes lois

sous mes yeux

15　誡命你是曉得的，不可殺人、不可姦淫、不可偷盜、不可作假見證、不可虧負
　　人、當孝敬父母。　　　　　　　　　　　　　　　　　（馬可福音 10 章 19 節）

You know the commandments: Do not murder, do not commit adultery, do not steal, do
not give false testimony, do not defraud, honor your father and mother.

You know the commandments: Do not mur-

der, do not commit adultery, do not steal, do not

give false testimony, do not defraud, honor your

father and mother.

Tu connais les commandements: Tu ne commettras point d'adultère; tu ne tueras point; tu ne déroberas point; tu ne diras point de faux témoignage; tu ne feras tort à personne; honore ton père et ta mère.

Tu connais les commandements: Tu ne com-

mettras point d'adultère; tu ne tueras point; tu

ne déroberas point; tu ne diras point de faux

témoignage; tu ne feras tort à personne; hon-

ore ton père et ta mère.

16 一句話說得合宜，就如金蘋果在銀網子裡。 （箴言 25 章 11 節）

A word aptly spoken is like apples of gold in settings of silver.

A word aptly spoken is like apples of gold in settings of silver.

Comme des pommes d'or sur des ciselures d'argent, Ainsi est une parole dite à propos.

Comme des pommes d'or sur des ciselures d'argent, Ainsi est une parole dite à propos.

17 智慧人的勸誡，在順從的人耳中，好像金耳環和精金的妝飾。 （箴言 25 章 12 節）

Like an earring of gold or an ornament of fine gold is a wise man's rebuke to a listening ear.

Like an earring of gold or an ornament of fine gold is a wise man's rebuke to a listening ear.

八月

Comme un anneau d'or et une parure d'or fin, Ainsi pour une oreille docile est le sage
qui réprimande.

Comme un anneau d'or et une parure d'or fin,

Ainsi pour une oreille docile est le sage qui

réprimande.

（18）恆常忍耐，可以勸動君王：柔和的舌頭，能折斷骨頭。　　　　　　（箴言 25 章 15 節）

Through patience a ruler can be persuaded, and a gentle tongue can break a bone.

Through patience a ruler can be persuaded, and

a gentle tongue can break a bone.

Par la lenteur à la colère on fléchit un prince, Et une langue douce peut briser des os.

Par ta lenteur à la colère on fléchit un prince,

Et une langue douce peut briser des os.

(19) 患難時倚靠不忠誠的人，好像破壞的牙，錯骨縫的腳。 （箴言 25 章 19 節）

Like a bad tooth or a lame foot is reliance on the unfaithful in times of trouble.

Like a bad tooth or a lame foot is reliance on

the unfaithful in times of trouble.

Comme une dent cassée et un pied qui chancelle, Ainsi est la confiance en un perfide
au jour de la détresse.

Comme une dent cassée et un pied qui chancel-

le, Ainsi est la confiance en un perfide au jour

de la détresse.

20 寧可住在房頂的角上，不在寬闊的房屋與爭吵的婦人同住。 （箴言 25 章 24 節）

Better to live on a corner of the roof than share a house with a quarrelsome wife.

Better to live on a corner of the roof than share
a house with a quarrelsome wife.

Mieux vaut habiter à l'angle d'un toit, Que de partager la demeure d'une femme querelleuse.

Mieux vaut habiter à l'angle d'un toit, Que de
partager la demeure d'une femme querelleuse.

21 人不制伏自己的心，好像毀壞的城邑沒有牆垣。 （箴言 25 章 28 節）

Like a city whose walls are broken down is a man who lacks self-control.

Like a city whose walls are broken down is a
man who lacks self-control.

Comme une ville forcée et sans murailles, Ainsi est l'homme qui n'est pas maître de lui-même.

Comme une ville forcée et sans murailles, Ainsi est l'homme qui n'est pas maître de lui-même.

(22) 但從起初創造的時候，神造人是造男造女。 （馬可福音 10 章 6 節）

But at the beginning of creation, God made them male and female.

But at the beginning of creation, God made them male and female.

Mais au commencement de la création, Dieu fit l'homme et la femme.

Mais au commencement de la création, Dieu fit l'homme et la femme.

(23) 有好消息從遠方來，就如拿涼水給口渴的人喝。 (箴言 25 章 25 節)

Like cold water to a weary soul is good news from a distant land.

Like cold water to a weary soul is good news

from a distant land.

Comme de l'eau fraîche pour une personne fatiguée, Ainsi est une bonne nouvelle venant d'une terre lointaine.

Comme de l'eau fraîche pour une personne fa-

tiguée, Ainsi est une bonne nouvelle venant

d'une terre lointaine.

(24) 北風生雨，讒謗人的舌頭也生怒容。 (箴言 25 章 23 節)

As a north wind brings rain, so a sly tongue brings angry looks.

As a north wind brings rain, so a sly tongue

brings angry looks.

Le vent du nord enfante la pluie, Et la langue mystérieuse un visage irrité.

Le vent du nord enfante la pluie, Et la langue

mystérieuse un visage irrité.

(25) 我的肉體和我的心腸衰殘，但神是我心裡的力量，又是我的福分，直到永遠。

（詩篇 73 章 26 節）

My flesh and my heart may fail, but God is the strength of my heart and my portion forever.

My flesh and my heart may fail, but God is the

strength of my heart and my portion forever.

Ma chair et mon coeur peuvent se consumer: Dieu sera toujours le rocher de mon coeur et mon partage.

Ma chair et mon coeur peuvent se consumer:

Dieu sera toujours le rocher de mon coeur et

mon partage.

(26) 你們這因信蒙神能力保守的人，必能得著所預備，到末世要顯現的救恩。

（彼得前書 1 章 5 節）

Who through faith are shielded by God's power until the coming of the salvation that is ready to be revealed in the last time.

Who through faith are shielded by God's power
until the coming of the salvation that is ready
to be revealed in the last time.

À vous qui, par la puissance de Dieu, êtes gardés par la foi pour le salut prêt à être révélé dans les derniers temps!

À vous qui, par la puissance de Dieu, êtes

gardés par la foi pour le salut prêt à être révélé

dans les derniers temps!

(27) 叫你們的信心既被試驗，就比那被火試驗，仍然能壞的金子，更顯寶貴，可以在耶穌基督顯現的時候，得著稱讚、榮耀、尊貴。 （彼得前書1章7節）

These have come so that your faith - -of greater worth than gold, which perishes even though refined by fire - - may be proved genuine and may result in praise, glory and honor when Jesus Christ is revealed.

These have come so that your faith - -of greater worth than gold, which perishes even though refined by fire - -may be proved genuine and may result in praise, glory and honor when Jesus Christ is revealed.

八月

Afin que l'épreuve de votre foi, plus précieuse que l'or périssable (qui cependant est éprouvé par le feu), ait pour résultat la louange, la gloire et l'honneur, lorsque Jésus Christ apparaîtra.

Afin que l'épreuve de votre foi, plus précieuse

que l'or périssable (qui cependant est éprouvé

par le feu), ait pour résultat la louange,

la gloire et l'honneur, lorsque Jésus Christ

apparaîtra.

(28) 我一個禮拜禁食兩次，凡我所得的，都捐上十分之一。　　　　（路加福音 18 章 12 節）

I fast twice a week and give a tenth of all I get.

I fast twice a week and give a tenth of all I get.

Je jeûne deux fois la semaine, je donne la dîme de tous mes revenus.

Je jeûne deux fois la semaine, je donne la dîme

de tous mes revenus.

(29) 誠實從地而生，公義從天而現。 （詩篇 85 章 11 節）

Faithfulness springs forth from the earth, and righteousness looks down from heaven.

Faithfulness springs forth from the earth, and

righteousness looks down from heaven.

La fidélité germe de la terre, Et la justice regarde du haut des cieux.

La fidélité germe de la terre, Et la justice re-

garde du haut des cieux.

(30) 我必安然躺下睡覺，因為獨有你耶和華使我安然居住。 （詩篇 4 章 8 節）

I will lie down and sleep in peace, for you alone, O LORD, make me dwell in safety.

I will lie down and sleep in peace, for you alone, O LORD, make me dwell in safety.

Je me couche et je m'endors en paix, Car toi seul, ô Éternel! tu me donnes la sécurité dans ma demeure.

Je me couche et je m'endors en paix, Car toi seul, ô Éternel! tu me donnes la sécurité dans ma demeure.

(31) 你使我心裡快樂，勝過那豐收五穀新酒的人。 （詩篇 4 章 7 節）

You have filled my heart with greater joy than when their grain and new wine abound.

You have filled my heart with greater joy than when their grain and new wine abound.

Tu mets dans mon coeur plus de joie qu'ils n'en ont Quand abondent leur froment et leur moût.

Tu mets dans mon coeur plus de joie qu'ils n'en ont Quand abondent leur froment et leur moût.

Let go of old ways of thinking. Joyfully embrace the new. Good things flow easily. J.W.

心靈
對話

請拋棄舊思維，你會發現喜樂將隨之而來！

八月

九月 · September · septembre

1 於是他們在苦難中哀求耶和華，他從他們的禍患中搭救他們。 （詩篇 107 章 6 節）

Then they cried out to the LORD in their trouble, and he delivered them from their distress.

Then they cried out to the LORD in their trou-

ble, and he delivered them from their distress.

Dans leur détresse, ils crièrent à l'Éternel, Et il les délivra de leurs angoisses.

Dans leur détresse, ils crièrent à l'Éternel, Et

il les délivra de leurs angoisses.

2 當止住怒氣，離棄忿怒；不要心懷不平，以致作惡。 （詩篇 37 章 8 節）

Refrain from anger and turn from wrath; do not fret - - it leads only to evil.

Refrain from anger and turn from wrath; do

not fret - - it leads only to evil.

Laisse la colère, abandonne la fureur; Ne t'irrite pas, ce serait mal faire.

Laisse la colère, abandonne la fureur; Ne

t'irrite pas, ce serait mal faire.

(3) 這世界和其上的情慾都要過去，惟獨遵行神旨意的是永遠常存。 （詩篇 37 章 30 節）

The world and its desires pass away, but the man who does the will of God lives forever.

The world and its desires pass away, but the

man who does the will of God lives forever.

Et le monde passe, et sa convoitise aussi; mais celui qui fait la volonté de Dieu demeure éternellement.

Et le monde passe, et sa convoitise aussi; mais

celui qui fait la volonté de Dieu demeure éter-

nellement.

(4) 沒有愛心的，就不認識神，因為神就是愛。 （約翰一書4章8節）

Whoever does not love does not know God, because God is love.

Whoever does not love does not know God,

because God is love.

Celui qui n'aime pas n'a pas connu Dieu, car Dieu est amour.

Celui qui n'aime pas n'a pas connu Dieu,

car Dieu est amour.

(5) 義人的口談論智慧，他的舌頭講說公平。 （詩篇37章30節）

The mouth of the righteous man utters wisdom, and his tongue speaks what is just.

The mouth of the righteous man utters wisdom,

and his tongue speaks what is just.

La bouche du juste annonce la sagesse, Et sa langue proclame la justice.

La bouche du juste annonce la sagesse, Et sa langue proclame la justice.

6 當將你的事交託耶和華，並倚靠他，他就必成全。 （詩篇 37 章 5 節）

Commit your way to the LORD; trust in him and he will do this.

Commit your way to the LORD; trust in him and he will do this.

Recommande ton sort à l'Éternel, Mets en lui ta confiance, et il agira.

Recommande ton sort à l'Éternel, Mets en lui ta confiance, et il agira.

(7) 謙卑人必承受地土，以豐盛的平安為樂。 （詩篇 37 章 11 節）

The meek will inherit the land and enjoy great peace.

The meek will inherit the land and enjoy great

peace.

Les misérables possèdent le pays, Et ils jouissent abondamment de la paix.

Les misérables possèdent le pays, Et ils

jouissent abondamment de la paix.

(8) 你當離惡行善，就可永遠安居。 （詩篇 37 章 27 節）

Turn from evil and do good; then you will dwell in the land forever.

Turn from evil and do good; then you will dwell

in the land forever.

Détourne-toi du mal, fais le bien, Et possède à jamais ta demeure.

Détourne-toi du mal, fais le bien, Et possède

à jamais ta demeure.

(9) 你要細察那完全人，觀看那正直人，因為和平人有好結局。 （詩篇 37 章 37 節）

Consider the blameless, observe the upright; there is a future for the man of peace.

Consider the blameless, observe the upright;

there is a future for the man of peace.

Observe celui qui est intègre, et regarde celui qui est droit; Car il y a une postérité pour l'homme de paix.

Observe celui qui est intègre, et regarde celui

qui est droit; Car il y a une postérité pour

l'homme de paix.

(10) 我心裡的愁苦甚多，求你救我脫離我的禍患。 （詩篇 25 章 17 節）

The troubles of my heart have multiplied; free me from my anguish.

The troubles of my heart have multiplied; free
me from my anguish.

Les angoisses de mon coeur augmentent; Tire-moi de ma détresse.

Les angoisses de mon coeur augmentent; Tire-
moi de ma détresse.

(11) 他們在急難的時候，不至羞愧；在饑荒的日子，必得飽足。 （詩篇 37 章 19 節）

In times of disaster they will not wither; in days of famine they will enjoy plenty.

In times of disaster they will not wither; in
days of famine they will enjoy plenty.

Ils ne sont pas confondus au temps du malheur, Et ils sont rassasiés aux jours de la famine.

Ils ne sont pas confondus au temps du malheur, Et ils sont rassasiés aux jours de la famine.

(12) 他使狂風止息，波浪就平靜。 （詩篇 107 章 29 節）

He stilled the storm to a whisper; the waves of the sea were hushed.

He stilled the storm to a whisper; the waves of the sea were hushed.

Il arrêta la tempête, ramena le calme, Et les ondes se turent.

Il arrêta la tempête, ramena le calme, Et les

209

ondes se turent.

(13) 我留下平安給你們，我將我的平安賜給你們。 （約翰福音 14 章 27 節）

Peace I leave with you; my peace I give you.

Peace I leave with you; my peace I give you.

Je vous laisse la paix, je vous donne ma paix.

Je vous laisse la paix; je vous donne ma

paix.

(14) 要等候耶和華，當壯膽、堅固你的心；我再說，要等候耶和華。 （詩篇 27 章 14 節）

Wait for the LORD; be strong and take heart and wait for the LORD.

Wait for the LORD; be strong and take heart

and wait for the LORD.

Espère en l'Éternel! Fortifie-toi et que ton coeur s'affermisse! Espère en l'Éternel!

Espère en l'Éternel! Fortifie-toi et que ton coeur s'affermisse! Espère en l'Éternel!

---

⑮ 耶和華阿！求你將你的道指教我，因我仇敵的緣故引導我走平坦的路。

（詩篇 27 章 11 節）

Teach me your way, O LORD; lead me in a straight path because of my oppressors.

Teach me your way, O LORD; lead me in a straight path because of my oppressors.

Éternel! enseigne-moi ta voie, Conduis-moi dans le sentier de la droiture, À cause de mes ennemis.

Éternel! enseigne-moi ta voie, Conduis-moi dans le sentier de la droiture, À cause de mes ennemis.

(16) 你們心裡不要憂愁，也不要膽怯。 （約翰福音 14 章 27 節）

Do not let your hearts be troubled and do not be afraid.

Do not let your hearts be troubled and do not be afraid.

Que votre coeur ne se trouble point, et ne s'alarme point.

Que votre coeur ne se trouble point, et ne s'alarme point.

(17) 他說，他是個罪人不是，我不知道；有一件事我知道，從前我是眼瞎的，如今能看見了。 （約翰福音 9 章 25 節）

He replied, "Whether he is a sinner or not, I don't know. One thing I do know. I was blind but now I see!"

He replied, "Whether he is a sinner or not, I don't know. One thing I do know. I was blind but now I see!"

Il répondit: S'il est un pécheur, je ne sais; je sais une chose, c'est que j'étais aveugle et
que maintenant je vois.

Il répondit: S'il est un pécheur, je ne sais; je

sais une chose, c'est que j'étais aveugle et que

maintenant je vois.

(18) 出於信心的祈禱，要救那病人，主必叫他起來；他若犯了罪，也必蒙赦免。

（雅各書 5 章 15 節）

And the prayer offered in faith will make the sick person well; the Lord will raise him
up. If he has sinned, he will be forgiven.

And the prayer offered in faith will make the

sick person well; the Lord will raise him up. If

he has sinned, he will be forgiven.

La prière de la foi sauvera le malade, et le Seigneur le relèvera; et s'il a commis des péchés, il lui sera pardonné.

La prière de la foi sauvera le malade, et le Seigneur le relèvera; et s'il a commis des péchés, il lui sera pardonné.

(19) 按著定命，人人都有一死，死後且有審判。 （希伯來書9章27節）

Just as man is destined to die once, and after that to face judgment.

Just as man is destined to die once, and after that to face judgment.

Et comme il est réservé aux hommes de mourir une seul fois, après quoi vient le jugement.

Et comme il est réservé aux hommes de mourir

une seul fois, après quoi vient le jugement.

20 耶和華必為你們爭戰，你們只管靜默，不要作聲。 （出埃及記 14 章 14 節）

The LORD will fight for you; you need only to be still.

The LORD will fight for you; you need only

to be still.

九月

L'Éternel combattra pour vous; et vous, gardez le silence.

L'Éternel combattra pour vous; et vous, gar-

dez le silence.

21 這是耶和華所定的日子，我們在其中要高興歡喜。 （詩篇118章24節）

This is the day the LORD has made; let us rejoice and be glad in it.

This is the day the LORD has made; let us

rejoice and be glad in it.

C'est ici la journée que l'Éternel a faite: Qu'elle soit pour nous un sujet d'allégresse et de joie!

C'est ici la journée que l'Éternel a faite: Qu'elle

soit pour nous un sujet d'allégresse et de joie!

22 得智慧，得聰明的，這人便為有福。 （箴言3章13節）

Blessed is the man who finds wisdom, the man who gains understanding.

Blessed is the man who finds wisdom, the man

who gains understanding.

Heureux l'homme qui a trouvé la sagesse, Et l'homme qui possède l'intelligence!

Heureux l'homme qui a trouvé la sagesse, Et l'homme qui possède l'intelligence!

(23) 耶穌說，讓小孩子到我這裡來，不要禁止他們；因為在天國的，正是這樣的人。

（馬太福音 19 章 14 節）

Jesus said, "Let the little children come to me, and do not hinder them, for the kingdom of heaven belongs to such as these."

Jesus said, "Let the little children come to me, and do not hinder them, for the kingdom of heaven belongs to such as these."

Jésus dit: Laissez les petits enfants, et ne les empêchez pas de venir à moi; car le royaume des cieux est pour ceux qui leur ressemblent.

Jésus dit: Laissez les petits enfants, et ne les empêchez pas de venir à moi; car le royaume des cieux est pour ceux qui leur ressemblent.

24 日有日的榮光，月有月的榮光，星有星的榮光；這星和那星的榮光，也有分別。

（哥林多前書 15 章 41 節）

The sun has one kind of splendor, the moon another and the stars another; and star differs from star in splendor.

The sun has one kind of splendor, the moon

another and the stars another; and star differs

from star in splendor.

Autre est l'éclat du soleil, autre l'éclat de la lune, et autre l'éclat des étoiles; même une étoile diffère en éclat d'une autre étoile.

Autre est l'éclat du soleil, autre l'éclat de la

lune, et autre l'éclat des étoiles; même une

étoile diffère en éclat d'une autre étoile.

㉕ 各人領受神的恩賜，一個是這樣，一個是那樣。 （哥林多前書7章7節）

Each man has his own gift from God; one has this gift, another has that.

Each man has his own gift from God; one has this gift, another has that.

Chacun tient de Dieu un don particulier, l'un d'une manière, l'autre d'une autre.

Chacun tient de Dieu un don particulier, l'un d'une manière, l'autre d'une autre.

㉖ 教養孩童，使他走當行的道，就是到老他也不偏離。 （箴言22章6節）

Train a child in the way he should go, and when he is old he will not turn from it.

Train a child in the way he should go, and when he is old he will not turn from it.

Instruis l'enfant selon la voie qu'il doit suivre; Et quand il sera vieux, il ne s'en détournera pas.

Instruis l'enfant selon la voie qu'il doit suivre; Et quand il sera vieux, il ne s'en détournera pas.

(27) 我稱讚你們，因你們凡事記念我，又堅守我所傳給你們的。　（哥林多前書 11 章 2 節）

I praise you for remembering me in everything and for holding to the teachings, just as I passed them on to you.

I praise you for remembering me in every-thing and for holding to the teachings, just as I passed them on to you.

Je vous loue de ce que vous vous souvenez de moi à tous égards, et de ce que vous retenez mes instructions telles que je vous les ai données.

Je vous loue de ce que vous vous souvenez de moi à tous égards, et de ce que vous retenez mes instructions telles que je vous les ai données.

28 眼目慈善的，就必蒙福，因他將食物分給窮人。 （箴言22章9節）

A generous man will himself be blessed, for he shares his food with the poor.

A generous man will himself be blessed, for he shares his food with the poor.

L'homme dont le regard est bienveillant sera béni, Parce qu'il donne de son pain au pauvre.

L'homme dont le regard est bienveillant sera béni, Parce qu'il donne de son pain au pauvre.

(29) 好生氣的人，不可與他結交；暴怒的人，不可與他來往。　　　　　（箴言 22 章 24 節）

Do not make friends with a hot-tempered man, do not associate with one easily angered.

Do not make friends with a hot-tempered man,

do not associate with one easily angered.

Ne fréquente pas l'homme colère, Ne va pas avec l'homme violent.

Ne fréquente pas l'homme colère, Ne va pas

avec l'homme violent.

(30) 你們不要自欺，濫交是敗壞善行。　　　　　（哥林多前書 15 章 41 節）

Do not be misled: Bad company corrupts good character.

Do not be misled: Bad company corrupts good

character.

222

Ne vous y trompez pas: les mauvaises compagnies corrompent les bonnes moeurs.

Ne vous y trompez pas: les mauvaises

compagnies corrompent les bonnes moeurs.

Believe in Yourself!
Have faith in your abilities!

Jennie W.

相信自己有能力去實踐夢想！

1 當將你的事交託耶和華，並倚靠他，他就必成全。 （詩篇 37 章 5 節）

Commit your way to the LORD; trust in him and he will do this.

Commit your way to the LORD; trust in him

and he will do this.

Recommande ton sort à l'Éternel, Mets en lui ta confiance, et il agira.

Recommande ton sort à l'Éternel, Mets en lui

ta confiance, et il agira.

2 願你的國降臨，願你的旨意行在地上，如同行在天上。 （馬太福音 6 章 10 節）

Your kingdom come, your will be done on earth as it is in heaven.

Your kingdom come, your will be done on earth

as it is in heaven.

Que ton règne vienne; que ta volonté soit faite sur la terre comme au ciel.

Que ton règne vienne; que ta volonté soit faite

sur la terre comme au ciel.

(3) 手懶的，要受貧窮；手勤的，卻要富足。 （箴言 10 章 4 節）

Lazy hands make a man poor, but diligent hands bring wealth.

Lazy hands make a man poor, but diligent

hands bring wealth.

Celui qui agit d'une main lâche s'appauvrit, Mais la main des diligents enrichit.

Celui qui agit d'une main lâche s'appauvrit,

Mais la main des diligents enrichit.

十月

4 恨，能挑啟爭端；愛，能遮掩一切過錯。 （箴言 10 章 12 節）

Hatred stirs up dissension, but love covers over all wrongs.

Hatred stirs up dissension, but love covers over all wrongs.

La haine excite des querelles, Mais l'amour couvre toutes les fautes.

La haine excite des querelles, Mais l'amour couvre toutes les fautes.

5 義人的口教養多人，愚昧人因無知而死亡。 （箴言 10 章 21 節）

The lips of the righteous nourish many, but fools die for lack of judgment.

The lips of the righteous nourish many, but fools die for lack of judgment.

Les lèvres du juste dirigent beaucoup d'hommes, Et les insensés meurent par défaut de raison.

Les lèvres du juste dirigent beaucoup d'hommes,

Et les insensés meurent par défaut de raison.

⑥ 神愛我們的心，我們也知道也信。 （約翰一書 4 章 16 節）

And so we know and rely on the love God has for us.

And so we know and rely on the love God has for us.

Et nous, nous avons connu l'amour que Dieu a pour nous, et nous y avons cru.

Et nous, nous avons connu l'amour que Dieu

a pour nous, et nous y avons cru.

⑦ 他們在曠野荒地漂流，尋不見可住的城邑。 （詩篇 107 章 4 節）

Some wandered in desert wastelands, finding no way to a city where they could settle.

Some wandered in desert wastelands, finding

no way to a city where they could settle.

Ils erraient dans le désert, ils marchaient dans la solitude, Sans trouver une ville où ils pussent habiter.

Ils erraient dans le désert, ils marchaient dans la solitude, Sans trouver une ville où ils pussent habiter.

(8) 不叫我們遇見試探，救我們脫離兇惡：因為國度、權柄、榮耀，全是你的直到永遠，阿們。

（馬太福音 6 章 13 節）

Lead us not into temptation, but deliver us from the evil one. For yours is the kingdom and the power and the glory forever. Amen!

Lead us not into temptation, but deliver us from the evil one. For yours is the kingdom and the power and the glory forever. Amen!

Ne nous induis pas en tentation, mais délivre-nous du malin. Car c'est à toi qu'appartiennent, dans tous les siècles, le règne, la puissance et la gloire. Amen!

Ne nous induis pas en tentation, mais délivre-nous du malin. Car c'est à toi qu'appartiennent, dans tous les siècles, le règne, la puissance et la gloire. Amen!

(9) 你們要恆切禱告，在此儆醒感恩。 （箴言 10 章 21 節）

Devote yourselves to prayer, being watchful and thankful.

Devote yourselves to prayer, being watchful and thankful.

Persévérez dans la prière, veillez-y avec actions de grâces.

Persévérez dans la prière, veillez-y avec

actions de grâces.

10 不義之財，毫無益處；惟有公義，能救人脫離死亡。 (箴言 10 章 2 節)

Ill-gotten treasures are of no value, but righteousness delivers from death.

Ill-gotten treasures are of no value, but righ-

teousness delivers from death.

Les trésors de la méchanceté ne profitent pas, Mais la justice délivre de la mort.

Les trésors de la méchanceté ne profitent pas,

Mais la justice délivre de la mort.

(11) 但願人因耶和華的慈愛，和他向人所行的奇事，都稱讚他。 （詩篇 107 章 15 節）

Let them give thanks to the LORD for his unfailing love and his wonderful deeds for men.

Let them give thanks to the LORD for his
unfailing love and his wonderful deeds for men.

Qu'ils louent l'Éternel pour sa bonté, Et pour ses merveilles en faveur des fils de l'homme!

Qu'ils louent l'Éternel pour sa bonté, Et pour
ses merveilles en faveur des fils de l'homme!

十月

(12) 正直人看見，就歡喜；罪孽之輩，必塞口無言。 （詩篇 107 章 42 節）

The upright see and rejoice, but all the wicked shut their mouths.

The upright see and rejoice, but all the wicked
shut their mouths.

Les hommes droits le voient et se réjouissent, Mais toute iniquité ferme la bouche.

Les hommes droits le voient et se réjouissent,

Mais toute iniquité ferme la bouche.

(13) 你禁食的時候，要梳頭洗臉。

（馬太福音 6 章 17 節）

When you fast, put oil on your head and wash your face.

When you fast, put oil on your head and wash

your face.

Mais quand tu jeûnes, parfume ta tête et lave ton visage.

Mais quand tu jeûnes, parfume ta tête et lave

ton visage.

14 你禱告的時候，要進你的內屋，關上門，禱告你在暗中的父；你父在暗中察看，必然報答你。

（馬太福音6章6節）

When you pray, go into your room, close the door and pray to your Father, who is unseen. Then your Father, who sees what is done in secret, will reward you.

When you pray, go into your room, close the

door and pray to your Father, who is unseen.

Then your Father, who sees what is done in

secret, will reward you.

Mais quand tu pries, entre dans ta chambre, ferme ta porte, et prie ton Père qui est là dans le lieu secret; et ton Père, qui voit dans le secret, te le rendra.

Mais quand tu pries, entre dans ta chambre,

ferme ta porte, et prie ton Père qui est là dans

te lieu secret; et ton Père, qui voit dans le se-

cret, te le rendra.

(15) 明哲人嘴裡有智慧，無知人背上受刑杖。 （箴言 10 章 13 節）

Wisdom is found on the lips of the discerning, but a rod is for the back of him who lacks judgment.

Wisdom is found on the lips of the discerning, but

a rod is for the back of him who lacks judgment.

Sur les lèvres de l'homme intelligent se trouve la sagesse, Mais la verge est pour le dos de celui qui est dépourvu de sens.

Sur les lèvres de l'homme intelligent se trouve

la sagesse, Mais la verge est pour le dos de

celui qui est dépourvu de sens.

16 我們在天上的父，願人都尊你的名為聖。 （馬太福音6章9節）

Our Father in heaven, hallowed be your name.

Our Father in heaven, hallowed be your name.

Voici donc comment vous devez prier: Notre Père qui es aux cieux! Que ton nom soit sanctifié.

Voici donc comment vous devez prier: Notre Père qui es aux cieux! Que ton nom soit sanctifié.

17 不可偏向左右，要使你的腳離開邪惡。 （箴言4章27節）

Do not swerve to the right or the left; keep your foot from evil.

Do not swerve to the right or the left; keep your foot from evil.

Donne-nous aujourd'hui notre pain quotidien.

Donne-nous aujourd'hui notre pain quotidien.

(18) 你們要愛惜光陰，用智慧與外人交往。 （歌羅西書4章5節）

Be wise in the way you act toward outsiders; make the most of every opportunity.

Be wise in the way you act toward outsiders;

make the most of every opportunity.

Conduisez-vous avec sagesse envers ceux du dehors, et rachetez le temps.

Conduisez-vous avec sagesse envers ceux du

dehors, et rachetez le temps.

(19) 願恩惠平安，因你們認識神和我們主耶穌，多多的加給你們。 （彼得後書1章2節）

Grace and peace be yours in abundance through the knowledge of God and of Jesus our Lord.

Grace and peace be yours in abundance through

the knowledge of God and of Jesus our Lord.

Que la grâce et la paix vous soient multipliées par la connaissance de Dieu et de Jésus notre Seigneur!

Que la grâce et la paix vous soient multipliées par la connaissance de Dieu et de Jésus notre Seigneur!

(20) 不要仗勢欺人，也不要因搶奪而驕傲；若財寶加增，不要放在心上。

（詩篇 62 章 10 節）

Do not trust in extortion or take pride in stolen goods; though your riches increase, do not set your heart on them.

Do not trust in extortion or take pride in stolen goods; though your riches increase, do not set your heart on them.

Ne vous confiez pas dans la violence, Et ne mettez pas un vain espoir dans la rapine;
Quand les richesses s'accroissent, N'y attachez pas votre coeur.

Ne vous confiez pas dans la violence, Et ne

mettez pas un vain espoir dans la rapine;

Quand les richesses s'accroissent, N'y atta-

chez pas votre coeur.

(21) 我的心哪，你當默默無聲，專等候神：因為我的盼望是從祂而來。　（詩篇62章5節）

Find rest, O my soul, in God alone; my hope comes from him.

Find rest, O my soul, in God alone; my hope

comes from him.

Oui, mon âme, confie-toi en Dieu! Car de lui vient mon espérance.

Oui, mon âme, confie-toi en Dieu! Car de lui

vient mon espérance.

(22) 富戶窮人在世相遇，都為耶和華所造。 （箴言 22 章 2 節）

Rich and poor have this in common: The LORD is the Maker of them all.

Rich and poor have this in common: The

LORD is the Maker of them all.

Le riche et le pauvre se rencontrent; C'est l'Éternel qui les a faits l'un et l'autre.

Le riche et le pauvre se rencontrent; C'est

l'Éternel qui les a faits l'un et l'autre.

241

(23) 求你轉向我，憐恤我，因為我是孤獨困苦。 （詩篇 25 章 16 節）

Turn to me and be gracious to me, for I am lonely and afflicted.

Turn to me and be gracious to me, for I am

lonely and afflicted.

Regarde-moi et aie pitié de moi, Car je suis abandonné et malheureux.

Regarde-moi et aie pitié de moi, Car je suis

abandonné et malheureux.

(24) 得智慧，得聰明的，這人便為有福。 （箴言 3 章 13 節）

Blessed is the man who finds wisdom, the man who gains understanding.

Blessed is the man who finds wisdom, the man

who gains understanding.

Heureux l'homme qui a trouvé la sagesse, Et l'homme qui possède l'intelligence!

Heureux l'homme qui a trouvé la sagesse,

Et l'homme qui possède l'intelligence!

(25) 他的道是安樂，他的路全是平安。 （箴言 3 章 17 節）

Her ways are pleasant ways, and all her paths are peace.

Her ways are pleasant ways, and all her paths

are peace.

Ses voies sont des voies agréables, Et tous ses sentiers sont paisibles.

Ses voies sont des voies agréables, Et tous

ses sentiers sont paisibles.

(26) 神就是愛，住在愛裡面的，就是住在神裡面，神也住在他裡面。（約翰一書 4 章 16 節）

God is love. Whoever lives in love lives in God, and God in him.

God is love. Whoever lives in love lives in

God, and God in him.

Dieu est amour; et celui qui demeure dans l'amour demeure en Dieu, et Dieu demeure en lui.

Dieu est amour; et celui qui demeure dans

l'amour demeure en Dieu, et Dieu demeure en

lui.

(27) 清心的人有福了，因為他們必得見神。（馬太福音 5 章 8 節）

Blessed are the pure in heart, for they will see God.

Blessed are the pure in heart, for they will see God.

Heureux ceux qui ont le coeur pur, car ils verront Dieu!

Heureux ceux qui ont le coeur pur, car ils verront Dieu!

(28) 你們是世上的光，城造在山上，是不能隱藏的。 （馬太福音 5 章 14 節）

You are the light of the world. A city on a hill cannot be hidden.

You are the light of the world. A city on a hill cannot be hidden.

Vous êtes la lumière du monde. Une ville située sur une montagne ne peut être cachée.

Vous êtes la lumière du monde. Une ville située sur une montagne ne peut être cachée.

(29) 你們聽見有話說，『不可姦淫！』 （馬太福音5章27節）

You have heard that it was said, "Do not commit adultery."

You have heard that it was said, "Do not

commit adultery."

Vous avez appris qu'il a été dit: Tu ne commettras point d'adultère.

Vous avez appris qu'il a été dit: Tu ne com-

mettras point d'adultère.

(30) 你們的話，是，就說是；不是，就說不是；若再多說，就是出於那惡者。

（馬太福音5章37節）

Simply let your 'Yes' be 'Yes,' and your 'No,' 'No'; anything beyond this comes from the evil one.

Simply let your 'Yes' be 'Yes,' and your 'No,'

'No'; anything beyond this comes from the evil

one.

Que votre parole soit oui, oui, non, non; ce qu'on y ajoute vient du malin.

Que votre parole soit oui, oui, non, non; ce

qu'on y ajoute vient du malin.

(31) 不要與惡人作對，有人打你的右臉，連左臉也轉過來由他打。 （馬太福音5章39節）

Do not resist an evil person. If someone strikes you on the right cheek, turn to him the other also.

Do not resist an evil person. If someone

strikes you on the right cheek, turn to him the

other also.

247

Je vous dis de ne pas résister au méchant. Si quelqu'un te frappe sur la joue droite, présente-lui aussi l'autre.

Je vous dis de ne pas résister au méchant.

Si quelqu'un te frappe sur la joue droite,

présente-lui aussi l'autre.

All that we are
is the result of what
we have
thought

Jennie W.

十月

我思故我在～思想結合行動力成就一切！

1 你當心裡思想，耶和華你，神管教你，好像人管教兒子一樣。 （申命記 8 章 5 節）

Know then in your heart that as a man disciplines his son, so the LORD your God disciplines you.

Know then in your heart that as a man disciplines his son, so the LORD your God disciplines you.

Reconnais en ton coeur que l'Éternel, ton Dieu, te châtie comme un homme châtie son enfant.

Reconnais en ton coeur que l'Éternel, ton Dieu, te châtie comme un homme châtie son enfant.

2 我所說的話你要思想，因為凡事主必給你聰明。 （提摩太後書 2 章 7 節）

Reflect on what I am saying, for the Lord will give you insight into all this.

Reflect on what I am saying, for the Lord will

give you insight into all this.

Comprends ce que je dis, car le Seigneur te donnera de l'intelligence en toutes choses.

Comprends ce que je dis, car le Seigneur te
donnera de l'intelligence en toutes choses.

(3) 人若在場上比武，非按規矩，就不能得冠冕。 （提摩太後書 2 章 5 節）

Similarly, if anyone competes as an athlete, he does not receive the victor's crown
unless he competes according to the rules.

Similarly, if anyone competes as an athlete,
he does not receive the victor's crown unless he
competes according to the rules.

十一月

L'athlète n'est pas couronné, s'il n'a combattu suivant les règles.

L'athlète n'est pas couronné, s'il n'a combattu

suivant les règles.

4 因他使心裡渴慕的人，得以知足；使心裡飢餓的人，得飽美物。 （詩篇107章9節）

For he satisfies the thirsty and fills the hungry with good things.

For he satisfies the thirsty and fills the hungry

with good things.

Car il a satisfait l'âme altérée, Il a comblé de biens l'âme affamée.

Car il a satisfait l'âme altérée, Il a comblé

de biens l'âme affamée.

(5) 一個人不能事奉兩個主，不是惡這個愛那個，就是重這個輕那個；你們不能又事奉神，又事奉瑪門。

（馬太福音 6 章 24 節）

No one can serve two masters. Either he will hate the one and love the other, or he will be devoted to the one and despise the other. You cannot serve both God and Money.

No one can serve two masters. Either he will

hate the one and love the other, or he will be

devoted to the one and despise the other. You

cannot serve both God and Money.

十一月

Nul ne peut servir deux maîtres. Car, ou il haïra l'un, et aimera l'autre; ou il s'attachera à l'un, et méprisera l'autre. Vous ne pouvez servir Dieu et Mamon.

Nul ne peut servir deux maîtres. Car, ou il

haïra l'un, et aimera l'autre; ou il s'attachera

à l'un, et méprisera l'autre. Vous ne pouvez

servir Dieu et Mamon.

⑥ 萬軍之耶和華阿！倚靠你的人，便為有福。 （詩篇 84 章 12 節）

O LORD Almighty, blessed is the man who trusts in you.

O LORD Almighty, blessed is the man who

trusts in you.

Éternel des armées! Heureux l'homme qui se confie en toi!

Éternel des armées! Heureux l'homme qui se

confie en toi!

⑦ 我已指教你走智慧的道，引導你行正直的路。 （箴言 4 章 11 節）

I guide you in the way of wisdom and lead you along straight paths.

I guide you in the way of wisdom and lead you
along straight paths.

Je te montre la voie de la sagesse, Je te conduis dans les sentiers de la droiture.

Je te montre la voie de la sagesse, Je te con-

duis dans les sentiers de la droiture.

(8) 我們當選擇何為是，彼此知道何為善。 （約伯記 34 章 4 節）

Let us discern for ourselves what is right; let us learn together what is good."

Let us discern for ourselves what is right; let

us learn together what is good.

Choisissons ce qui est juste, Voyons entre nous ce qui est bon.

Choisissons ce qui est juste, Voyons entre

255

nous ce qui est bon.

⑨ 他必按人所作的報應人，使各人照所行的得報。 （約伯記 34 章 11 節）

He repays a man for what he has done; he brings upon him what his conduct deserves.

He repays a man for what he has done; he

brings upon him what his conduct deserves.

Il rend à l'homme selon ses oeuvres, Il rétribue chacun selon ses voies.

Il rend à l'homme selon ses oeuvres, Il

rétribue chacun selon ses voies.

⑩ 求你指教我們怎樣數算自己的日子，好叫我們得著智慧的心。 （詩篇 90 章 12 節）

Teach us to number our days aright, that we may gain a heart of wisdom.

Teach us to number our days aright, that we

may gain a heart of wisdom.

Enseigne-nous à bien compter nos jours, Afin que nous appliquions notre coeur à la sagesse.

Enseigne-nous à bien compter nos jours, Afin que nous appliquions notre coeur à la sagesse.

(11) 求你照著你使我們受苦的日子，和我們遭難的年歲，叫我們喜樂。（詩篇90章15節）

Make us glad for as many days as you have afflicted us, for as many years as we have seen trouble.

Make us glad for as many days as you have afflicted us, for as many years as we have seen trouble.

257

Réjouis-nous autant de jours que tu nous as humiliés, Autant d'années que nous avons vu le malheur.

Réjouis-nous autant de jours que tu nous as

humiliés, Autant d'années que nous avons vu

le malheur.

(12) 你要吃勞碌得來的：你要享福，事情順利。　　　　　　　　（詩篇 128 章 2 節）

You will eat the fruit of your labor; blessings and prosperity will be yours.

You will eat the fruit of your labor; blessings

and prosperity will be yours.

Tu jouis alors du travail de tes mains, Tu es heureux, tu prospères.

Tu jouis alors du travail de tes mains, Tu es

heureux, tu prospères.

(13) 那光是真光，照亮一切生在世上的人。 （約翰福音 1 章 9 節）

The true light that gives light to every man was coming into the world.

The true light that gives light to every man was coming into the world.

Cette lumière était la véritable lumière, qui, en venant dans le monde, éclaire tout homme.

Cette lumière était la véritable lumière, qui, en venant dans le monde, éclaire tout homme.

十一月

(14) 從他豐滿的恩典裡我們都領受了，而且恩上加恩。 （約翰福音 1 章 16 節）

From the fullness of his grace we have all received one blessing after another.

From the fullness of his grace we have all received one blessing after another.

Et nous avons tous reçu de sa plénitude, et grâce pour grâce.

Et nous avons tous reçu de sa plénitude, et grâce pour grâce.

(15) 你們作丈夫的，要愛你們的妻子，正如基督愛教會，為教會捨己。（以弗所書5章25節）

Husbands, love your wives, just as Christ loved the church and gave himself up for her.

Husbands, love your wives, just as Christ loved the church and gave himself up for her.

Maris, aimez vos femmes, comme Christ a aimé l'Église, et s'est livré lui-même pour elle.

Maris, aimez vos femmes, comme Christ a aimé l'Église, et s'est livré lui-même pour elle.

16 那暗昧無益的事，不要與人同行，倒要責備行這事的人。 （以弗所書5章11節）

Have nothing to do with the fruitless deeds of darkness, but rather expose them.

Have nothing to do with the fruitless deeds of darkness, but rather expose them.

Ne prenez point part aux oeuvres infructueuses des ténèbres, mais plutôt condamnez-les.

Ne prenez point part aux oeuvres infructueuses des ténèbres, mais plutôt condamnez-les.

17 你們要謹慎行事，不要像愚昧人，當像智慧人。 （以弗所書5章15節）

Be very careful, then, how you live - -not as unwise but as wise.

Be very careful, then, how you live - -not as unwise but as wise.

Prenez donc garde de vous conduire avec circonspection, non comme des insensés, mais comme des sages.

Prenez donc garde de vous conduire avec cir-

conspection, non comme des insensés, mais

comme des sages.

(18) 你們作妻子的，當順服自己的丈夫，如同順服主。 （以弗所書5章22節）

Wives, submit to your husbands as to the Lord.

Wives, submit to your husbands as to the Lord.

Femmes, soyez soumises à vos maris, comme au Seigneur.

Femmes, soyez soumises à vos maris, comme

au Seigneur.

(19) 你們各人都當愛妻子，如同愛自己一樣；妻子也當敬重他的丈夫。

（以弗所書 5 章 33 節）

Each one of you also must love his wife as he loves himself, and the wife must respect her husband.

Each one of you also must love his wife as he

loves himself, and the wife must respect her

husband.

Du reste, que chacun de vous aime sa femme comme lui-même, et que la femme respecte son mari.

Du reste, que chacun de vous aime sa femme

comme lui-même, et que la femme respecte son

mari.

十一月

(20) 神能照著運行在我們心裡的大力，充充足足的成就一切超過我們所求所想的。

（以弗所書 3 章 20 節）

Now to him who is able to do immeasurably more than all we ask or imagine, according to his power that is at work within us.

Now to him who is able to do immeasurably
more than all we ask or imagine, according to
his power that is at work within us.

Or, à celui qui peut faire, par la puissance qui agit en nous, infiniment au delà de tout ce que nous demandons ou pensons.

Or, à celui qui peut faire, par la puissance qui
agit en nous, infiniment au delà de tout ce que
nous demandons ou pensons.

(21) 你們中間若有缺少智慧的，應當求那厚賜與眾人，也不斥責人的神、主就必賜給他。

（雅各書 1 章 5 節）

If any of you lacks wisdom, he should ask God, who gives generously to all without finding fault, and it will be given to him.

If any of you lacks wisdom, he should ask God,

who gives generously to all without finding

fault, and it will be given to him.

十一月

Si quelqu'un d'entre vous manque de sagesse, qu'il l'a demande à Dieu, qui donne à tous simplement et sans reproche, et elle lui sera donnée.

Si quelqu'un d'entre vous manque de sagesse,

qu'il l'a demande à Dieu, qui donne à tous

simplement et sans reproche, et elle lui sera

donnée.

22 我一生一世必有恩惠、慈愛隨著我。 （詩篇 23 章 6 節）

Goodness and love will follow me all the days of my life.

Goodness and love will follow me all the days

of my life.

Le bonheur et la grâce m'accompagneront tous les jours de ma vie..

Le bonheur et la grâce m'accompagneront

tous les jours de ma vie.

23 要愛惜光陰，因為現今的世代邪惡。 （箴言 3 章 29 節）

Making the most of every opportunity, because the days are evil.

Making the most of every opportunity, because

the days are evil.

Rachetez le temps, car les jours sont mauvais.

Rachetez le temps, car les jours sont mauvais.

(24) 不要醉酒，酒能使人放蕩，乃要被聖靈充滿。 （以弗所書5章18節）

Do not get drunk on wine, which leads to debauchery. Instead, be filled with the Spirit.

Do not get drunk on wine, which leads to debauchery. Instead, be filled with the Spirit.

十一月

Ne vous enivrez pas de vin: c'est de la débauche. Soyez, au contraire, remplis de l'Esprit.

Ne vous enivrez pas de vin: c'est de la débauche.

Soyez, au contraire, remplis de l'Esprit.

(25) 你以恩典為年歲的冠冕，你的路徑都滴下脂油。 （詩篇 65 章 11 節）

You crown the year with your bounty, and your carts overflow with abundance.

You crown the year with your bounty, and your

carts overflow with abundance.

Tu couronnes l'année de tes biens, Et tes pas versent l'abondance.

Tu couronnes l'année de tes biens, Et tes pas

versent l'abondance.

(26) 淫詞、妄語和戲笑的話，都不相宜，總要說感謝的話。 （以弗所書 5 章 4 節）

Nor should there be obscenity, foolish talk or coarse joking, which are out of place, but rather thanksgiving.

Nor should there be obscenity, foolish talk or

coarse joking, which are out of place, but rather

thanksgiving.

Qu'on n'entende ni paroles déshonnêtes, ni propos insensés, ni plaisanteries, choses qui sont contraires à la bienséance; qu'on entende plutôt des actions de grâces.

Qu'on n'entende ni paroles déshonnêtes, ni propos insensés, ni plaisanteries, choses qui sont contraires à la bienséance; qu'on entende plutôt des actions de grâces.

(27) 他醫好傷心的人，裹好他們的傷處。 （詩篇 147 章 3 節）

He heals the brokenhearted and binds up their wounds.

He heals the brokenhearted and binds up their wounds.

Il guérit ceux qui ont le coeur brisé, Et il panse leurs blessures.

Il guérit ceux qui ont le coeur brisé, Et il

panse leurs blessures.

(28) 你寬容我，使我在去而不返之先，可以力量復原。 （詩篇 39 章 13 節）

Look away from me, that I may rejoice again before I depart and am no more.

Look away from me, that I may rejoice again

before I depart and am no more.

Détourne de moi le regard, et laisse-moi respirer, Avant que je m'en aille et que ne
sois plus.

Détourne de moi le regard, et laisse-moi re-

spirer, Avant que je m'en aille et que ne sois

plus.

(29) 從來沒有人見過神，我們若彼此相愛，神就住在我們裡面，愛他的心在我們裡面得以完全了。

（約翰一書 4 章 12 節）

No one has ever seen God; but if we love one another, God lives in us and his love is made complete in us.

No one has ever seen God; but if we love one
another, God lives in us and his love is made
complete in us.

十一月

Personne n'a jamais vu Dieu; si nous nous aimons les uns les autres, Dieu demeure en nous, et son amour est parfait en nous.

Personne n'a jamais vu Dieu; si nous nous
aimons les uns les autres, Dieu demeure en
nous, et son amour est parfait en nous.

30 求你保護我，如同保護眼中的瞳仁；將我隱藏在你翅膀的蔭下。 （詩篇 17 章 8 節）

Keep me as the apple of your eye; hide me in the shadow of your wings.

Keep me as the apple of your eye; hide me in
the shadow of your wings.

Garde-moi comme la prunelle de l'oeil; Protège-moi, à l'ombre de tes ailes.

Garde-moi comme la prunelle de l'oeil;

Protège-moi, à l'ombre de tes ailes.

心靈
對話

Une bonne communication
est aussi stimulante qu'une
tasse de café et empêche aussi
bien de dormir
après.

Jennie W, 2016

十一月

一段有意義的對話，就如同一杯香濃咖啡令人興奮而難忘！

273

十二月 ・ December ・ *décembre*

① 房屋因智慧建造，又因聰明立穩。　　　　　　　　　　　（箴言 24 章 3 節）

By wisdom a house is built, and through understanding it is established.

By wisdom a house is built, and through understanding it is established.

C'est par la sagesse qu'une maison s'élève, Et par l'intelligence qu'elle s'affermit.

C'est par la sagesse qu'une maison s'élève, Et par l'intelligence qu'elle s'affermit.

② 懶惰人哪，你去察看螞蟻的動作，就可得智慧。　　　　　（箴言 6 章 6 節）

Go to the ant, you sluggard; consider its ways and be wise!

Go to the ant, you sluggard; consider its ways and be wise!

Va vers la fourmi, paresseux; Considère ses voies, et deviens sage!

Va vers la fourmi, paresseux; Considère ses
voies, et deviens sage!

③ 在指望中要喜樂，在患難中要忍耐，禱告要恆切。 （羅馬書12章12節）

Be joyful in hope, patient in affliction, faithful in prayer.

Be joyful in hope, patient in affliction, faithful
in prayer.

Réjouissez-vous en espérance. Soyez patients dans l'affliction. Persévérez dans la prière.

Réjouissez-vous en espérance. Soyez patients
dans l'affliction. Persévérez dans la prière.

十二月

4 愚昧人不喜愛明哲，只喜愛顯露心意。 （箴言 18 章 2 節）

A fool finds no pleasure in understanding but delights in airing his own opinions.

A fool finds no pleasure in understanding but delights in airing his own opinions.

Ce n'est pas à l'intelligence que l'insensé prend plaisir, C'est à la manifestation de ses pensées.

Ce n'est pas à l'intelligence que l'insensé prend plaisir, C'est à la manifestation de ses pensées.

5 明智人的智慧，在於審察自己的行徑；愚昧人的昏愚，在於自欺欺人。 （箴言 14 章 8 節）

The wisdom of the prudent is to give thought to their ways, but the folly of fools is deception.

The wisdom of the prudent is to give thought to their ways, but the folly of fools is deception.

La sagesse de l'homme prudent, c'est l'intelligence de sa voie;La folie des insensés, c'est la tromperie..

La sagesse de l'homme prudent, c'est l'intelligence de sa voie;La folie des insensés, c'est la tromperie.

6 不從惡人的計謀、不站罪人的道路、不坐褻慢人的座位。 （詩篇1章1節）

Blessed is the man who does not walk in the counsel of the wicked or stand in the way of sinners or sit in the seat of mockers.

Blessed is the man who does not walk in the counsel of the wicked or stand in the way of sinners or sit in the seat of mockers.

Heureux l'homme qui ne marche pas selon le conseil des méchants, Qui ne s'arrête pas sur la voie des pécheurs, Et qui ne s'assied pas en compagnie des moqueurs.

Heureux l'homme qui ne marche pas selon le

conseil des méchants, Qui ne s'arrête pas sur

la voie des pécheurs, Et qui ne s'assied pas en

compagnie des moqueurs.

(7) 濫交朋友的，自取敗壞；但有一知己，比兄弟更親密。 （箴言 18 章 24 節）

A man of many companions may come to ruin, but there is a friend who sticks closer than a brother.

A man of many companions may come to ruin,

but there is a friend who sticks closer than a

brother.

Celui qui a beaucoup d'amis les a pour son malheur; Mais il est tel ami plus attaché qu'un frère.

Celui qui a beaucoup d'amis les a pour son malheur; Mais il est tel ami plus attaché qu'un frère.

Celui qui a beaucoup d'amis les a pour son malheur; Mais il est tel ami plus attaché qu'un frère.

(8) 敗壞之先，人心驕傲；尊榮以前，必有謙卑。 （箴言 18 章 12 節）

Before his downfall a man's heart is proud, but humility comes before honor.

Before his downfall a man's heart is proud, but humility comes before honor.

Avant la ruine, le coeur de l'homme s'élève; Mais l'humilité précède la gloire.

十二月

Avant la ruine, le coeur de l'homme s'élève;

Mais l'humilité précède la gloire.

(9) 願榮耀歸給我們的父神，直到永永遠遠！阿們！ （腓立比書 4 章 20 節）

To our God and Father be glory for ever and ever! Amen!

To our God and Father be glory for ever and

ever! Amen!

A notre Dieu et Père soit la gloire aux siècles des siècles! Amen!

A notre Dieu et Père soit la gloire aux siè-

cles des siècles! Amen!

(10) 未曾聽完先回答的，便是他的愚昧和羞辱。 （箴言 18 章 13 節）

He who answers before listening - -that is his folly and his shame.

He who answers before listening - - that is his folly and his shame.

Celui qui répond avant d'avoir écouté Fait un acte de folie et s'attire la confusion.

Celui qui répond avant d'avoir écouté Fait un acte de folie et s'attire la confusion.

(11) 我心裡說，耶和華是我的份，因此，我要仰望他。 （耶利米哀歌3章24節）

I say to myself, "The LORD is my portion; therefore I will wait for him."

I say to myself, "The LORD is my portion; therefore I will wait for him."

L'Éternel est mon partage, dit mon âme; C'est pourquoi je veux espérer en lui.

L'Éternel est mon partage, dit mon âme; C'est

pourquoi je veux espérer en lui.

(12) 人口中的言語，如同深水；智慧的泉源，好像湧流的河水。 （箴言18章4節）

The words of a man's mouth are deep waters, but the fountain of wisdom is a bubbling brook.

The words of a man's mouth are deep waters,

but the fountain of wisdom is a bubbling brook.

Les paroles de la bouche d'un homme sont des eaux profondes; La source de la sagesse est un torrent qui jaillit.

Les paroles de la bouche d'un homme sont des

eaux profondes; La source de la sagesse est un

torrent qui jaillit.

(13) 神愛世人，甚至將他的獨生子賜給他們，叫一切信他的，不至滅亡，反得永生。

（約翰福音 1 章 16 節）

For God so loved the world that he gave his one and only Son, that whoever believes in him shall not perish but have eternal life.

For God so loved the world that he gave his

one and only Son, that whoever believes in him

shall not perish but have eternal life.

Car Dieu a tant aimé le monde qu'il a donné son Fils unique, afin que quiconque croit en lui ne périsse point, mais qu'il ait la vie éternelle.

Car Dieu a tant aimé le monde qu'il a donné

son Fils unique, afin que quiconque croit en

lui ne périsse point, mais qu'il ait la vie éternelle.

十二月

(14) 然而他知道我所行的路，他試煉我之後，我必如精金。 （約伯記 23 章 10 節）

But he knows the way that I take; when he has tested me, I will come forth as gold.

But he knows the way that I take; when he has
tested me, I will come forth as gold.

Il sait néanmoins quelle voie j'ai suivie; Et, s'il m'éprouvait, je sortirais pur comme l'or.

Il sait néanmoins quelle voie j'ai suivie; Et, s'il
m'éprouvait, je sortirais pur comme l'or.

(15) 父愛子，已將萬有交在他手裡。 （約翰福音 3 章 35 節）

The Father loves the Son and has placed everything in his hands.

The Father loves the Son and has placed
everything in his hands.

Le Père aime le Fils, et il a remis toutes choses entre ses mains.

Le Père aime le Fils, et il a remis toutes choses entre ses mains.

(16) 心懷二意的人哪，要清潔你們的心！ （雅各書 4 章 8 節）

Purify your hearts, you double-minded!

Purify your hearts, you double-minded!

Purifiez vos coeurs, hommes irrésolus!

Purifiez vos coeurs, hommes irrésolus!

(17) 人若知道行善，卻不去行，這就是他的罪了。 （雅各書 4 章 17 節）

Anyone, then, who knows the good he ought to do and doesn't do it, sins.

Anyone, then, who knows the good he ought to do and doesn't do it, sins.

Celui donc qui sait faire ce qui est bien, et qui ne le fait pas, commet un péché.

Celui donc qui sait faire ce qui est bien, et qui

ne le fait pas, commet un péché.

(18) 小子們哪，你們要自守，遠避偶像。 （約翰一書 5 章 21 節）

Dear children, keep yourselves from idols.

Dear children, keep yourselves from idols.

Petits enfants, gardez-vous des idoles.

Petits enfants, gardez-vous des idoles.

(19) 你們求也得不著，是因為你們妄求，要浪費在你們的宴樂中。 （雅各書 4 章 3 節）

When you ask, you do not receive, because you ask with wrong motives, that you may spend what you get on your pleasures.

When you ask, you do not receive, because you

ask with wrong motives, that you may spend

what you get on your pleasures.

Vous demandez, et vous ne recevez pas, parce que vous demandez mal, dans le but de satisfaire vos passions.

Vous demandez, et vous ne recevez pas, parce que vous demandez mal, dans le but de satisfaire vos passions.

十二月

(20) 親愛的，神既是這樣愛我們，我們也當彼此相愛。 　　　　　　（約翰一書4章11節）

Dear friends, since God so loved us, we also ought to love one another.

Dear friends, since God so loved us, we also ought to love one another.

287

Bien-aimés, si Dieu nous a ainsi aimés, nous devons aussi nous aimer les uns les autres.

Bien-aimés, si Dieu nous a ainsi aimés, nous
devons aussi nous aimer les uns les autres.

(21) 眼睛就是身上的燈，你的眼睛若明亮，全身就光明。 （馬太福音6章22節）

The eye is the lamp of the body. If your eyes are good, your whole body will be full of light.

The eye is the lamp of the body. If your eyes
are good, your whole body will be full of light.

L'oeil est la lampe du corps. Si ton oeil est en bon état, tout ton corps sera éclairé.

L'oeil est la lampe du corps. Si ton oeil est en
bon état, tout ton corps sera éclairé.

(22) 神為愛他的人所預備的，是眼睛未曾看見，耳朵未曾聽見，人心也未曾想到的。

（歌多林前書 2 章 9 節）

No eye has seen, no ear has heard, no mind has conceived what God has prepared for those who love him.

No eye has seen, no ear has heard, no mind has

conceived what God has prepared for those who

love him.

Ce sont des choses que l'oeil n'a point vues, que l'oreille n'a point entendues, et qui ne sont point montées au coeur de l'homme, des choses que Dieu a préparées pour ceux qui l'aiment.

Ce sont des choses que l'oeil n'a point vues,

que l'oreille n'a point entendues, et qui ne sont

point montées au coeur de l'homme, des choses

que Dieu a préparées pour ceux qui l'aiment.

十二月

(23) 人若自潔，脫離卑賤的事，就必作貴重的器皿，成為聖潔，合乎主用，預備行
各樣的善事。 (提摩太後書2章21節)

If a man cleanses himself from the latter, he will be an instrument for noble purposes, made holy, useful to the Master and prepared to do any good work.

If a man cleanses himself from the latter, he

will be an instrument for noble purposes, made

holy, useful to the Master and prepared to do

any good work.

Si donc quelqu'un se conserve pur, en s'abstenant de ces choses, il sera un vase d'honneur, sanctifié, utile à son maître, propre à toute bonne oeuvre.

Si donc quelqu'un se conserve pur, en s'ab-

stenant de ces choses, il sera un vase d'honneur,

sanctifié, utile à son maître, propre à toute

（約翰一書 4 章 13 節）

㉔ 神將他的靈賜給我們，從此就知道我們是住在他裡面，他也住在我們裡面。

We know that we live in him and he in us, because he has given us of his Spirit.

We know that we live in him and he in us,

because he has given us of his Spirit.

Nous connaissons que nous demeurons en lui, et qu'il demeure en nous, en ce qu'il nous a donné de son Esprit.

Nous connaissons que nous demeurons en lui,

et qu'il demeure en nous, en ce qu'il nous a

donné de son Esprit.

十二月

(25) 神阻擋驕傲的人，賜恩給謙卑的人。 （雅各書 4 章 6 節）

God opposes the proud but gives grace to the humble.

God opposes the proud but gives grace to the

humble.

Dieu résiste aux l'orgueilleux, Mais il fait grâce aux humbles.

Dieu résiste aux l'orgueilleux, Mais il fait

grâce aux humbles.

(26) 使人致富的，是上主的祝福；營營的辛勞，卻無補於事。 （箴言 10 章 22 節）

The blessing of the LORD brings wealth, without painful toil for it.

The blessing of the LORD brings wealth,

without painful toil for it.

C'est la bénédiction de l'Eternel qui enrichit, Et il ne la fait suivre d'aucun chagrin.

C'est la bénédiction de l'Eternel qui enrichit,

Et il ne la fait suivre d'aucun chagrin.

---

(27) 不要為明天憂慮，因為明天自有明天的憂慮；一天的難處一天當就夠了。

（馬太福音 6 章 34 節）

Therefore do not worry about tomorrow, for tomorrow will worry about itself. Each day has enough trouble of its own.

Therefore do not worry about tomorrow, for

tomorrow will worry about itself. Each day has

enough trouble of its own.

Ne vous inquiétez donc pas du lendemain; car le lendemain aura soin de lui-même. A chaque jour suffit sa peine.

Ne vous inquiétez donc pas du lendemain; car

le lendemain aura soin de lui-même. A

chaque jour suffit sa peine.

(28) 你們要謹慎自守，免去一切的貪心：因為人的生命不在乎家道豐富。

（路加福音 12 章 15 節）

Watch out! Be on your guard against all kinds of greed; a man's life does not consist in the abundance of his possessions.

Watch out! Be on your guard against all kinds

of greed; a man's life does not consist in the

abundance of his possessions.

Gardez-vous avec soin de toute avarice; car la vie d'un homme ne dépend pas de ses biens, fût-il dans l'abondance.

Gardez-vous avec soin de toute avarice; car

la vie d'un homme ne dépend pas de ses biens,

fût-il dans l'abondance.

(29) 誰能察覺自己的錯失呢？願你赦免我隱藏的過錯。 （詩篇 19 章 12 節）

Who can discern his errors? Forgive my hidden faults.

Who can discern his errors? Forgive my hidden

faults.

十二月

Qui connaît ses égarements? Pardonne-moi ceux que j'ignore.

Qui connaît ses égarements? Pardonne-moi

ceux que j'ignore.

(30) 你自己凡事要顯出善行的榜樣，在教導上要正直、莊重。 （提多書2章7節）

In everything set them an example by doing what is good. In your teaching show integrity, seriousness.

In everything set them an example by doing
what is good. In your teaching show integrity,
seriousness.

Te montrant toi-même à tous égards un modèle de bonnes oeuvres, et donnant un enseignement pur, digne.

Te montrant toi-même à tous égards un
modèle de bonnes oeuvres, et donnant un enseignement pur, digne.

(31) 我主的恩是格外豐盛，使我在基督耶穌裡有信心和愛心。　　（提摩太前書 1 章 14 節）

The grace of our Lord was poured out on me abundantly, along with the faith and love that are in Christ Jesus.

The grace of our Lord was poured out on me

abundantly, along with the faith and love that

are in Christ Jesus.

La grâce de notre Seigneur a surabondé, avec la foi et la charité qui est en Jésus Christ.

La grâce de notre Seigneur a surabondé, avec

la foi et la charité qui est en Jésus Christ.

十二月

Yesterday
is but Today's
memory. Tomorrow
is Today's dream.

Jennie 2016

昨日已死、明日未知、只有今日～以喜樂的心為即將迎來的新年作計畫！

To write with ease &
Elegance is a most Useful
Polite and Necessary

Jennie W, 2016

用心寫出全新的自己！

各式筆書寫範例

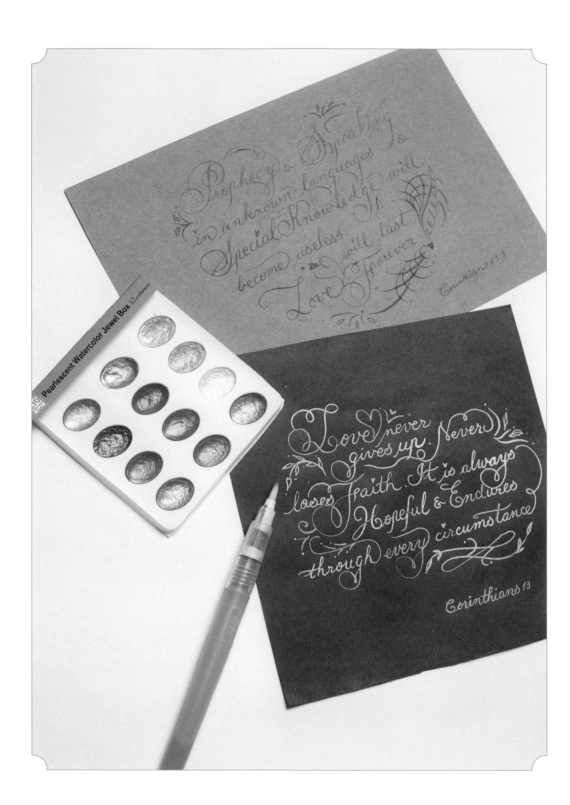

Prophecy & Speaking
in unknown languages &
Special Knowledge will
become useless
Love will last
Love Fforever
Corinthians 13:9

Love never
gives up. Never
loses Faith. It is always
Hopeful & Endures
through every circumstance

Corinthians 13

Pearlescent Watercolor Jewel Box 12 colours

你也會寫聖經珍言祝福卡

一生的果效皆由心出發

為所愛的人親手寫祝福

迷人的手繪小卡你也會畫

由左至右：ZIG 珠寶盒水彩、ZIG 耽美顏彩星空系列、ZIG 漫畫代針筆、吳竹 14 號硬筆、ZIG 攜帶式水筆（以上用具皆由吳竹 ZIG 提供）

Hope is the best possession.

Appreciate the Simple Things. Notice Everyday Miracles.

Faith
Love
Hope

Love is when the other person's happiness is more Important than your own.